AI로 자녀 공부 돕기

AI총서

인공지능 시대입니다. 기계가 인간의 인지를 대신하고, 사물이 인간을 통하지 않고 다른 사물과 직접 커뮤니케이션합니다. 이에 따른 인간 삶과 문명 변화를 정확히 이해 · 예측 · 대응하는 것은 이 시대 우리 모두의 과제입니다. AI총서는 인공지능 기술과 환경의 여러 주제를 10가지 키워드로 정리합니다. 관련 개념과 이론, 학계와 산업계의 쟁점, 우리 일상의 변화를 다룹니다. 인간과 기술의 현재, 미래를 세심히 분석합니다.

일러두기

- 인명, 작품명, 저서명, 개념어 등은 한글과 함께 괄호 안에 해당 국가의 원어를 병기했습니다.
- 외래어 표기는 현행 어문규정의 외래어표기법을 따랐습니다.

처음이세요?

전문가세요?

AI로 자녀 공부 돕기

이기호

대한민국, 서울, 커뮤니케이션북스, 2025

AI로 자녀 공부 돕기

지은이 이기호
펴낸이 박영률

초판 1쇄 펴낸날 2025년 11월 13일

커뮤니케이션북스(주)
출판 등록 2007년 8월 17일 제313-2007-000166호
02880 서울시 성북구 성북로 5-11
전화(02) 7474 001, 팩스(02) 736 5047
commbooks@commbooks.com
www.commbooks.com

ISBN 979-11-430-1466-5 03500

책값은 뒤표지에 표시되어 있습니다.

차례

AI, 부모의 새로운 파트너

리모컨 세대 Vs. AI 세대

1990년대 초반, 컴퓨터 활용 교육이 확산되던 시절, 혹시나 컴퓨터가 터질까 봐 전원 버튼을 누르지 못했던 웃지 못할 기억이 생생하다. 누군가 "앞으로 컴퓨터 쓰는 게 TV 리모컨 조작만큼 쉬워질 거야"라고 했을 때는 그냥 농담으로 치부하고 웃었던 기억이 있다. 그런데, 정말 그렇게 됐다. 심지어 컴퓨터는 이제 손바닥 안에 들어와 주머니에 넣고 다니는 세상이 되었으니 말이다. 운전도 마찬가지다. 처음 핸들을 잡았을 때는 방향지시등이 어디 있는지, 기어가 제 위치에 맞춰져 있는지 하나하나 확인하며 조심스럽게 출발했지만, 지금은 능숙하게 도로를 달린다. 처음엔 낯설고 두려웠지만, 결국 몸에 익히고 자연스럽게 해내게 된 것이다.

그런데 왜 우리는 여전히 새로운 시스템을 마주할 때마다 두려움을 느낄까? 아이들이 새로운 것을 빠르게 배우는 이유는 두려움보다 호기심이 앞서기 때문이다. 사실 우리도 과거에는 두려움이 없었다. 낯설었지만 결국 해냈다. 그렇다면 지금 우리가 AI를 두려워하는 이유는 무엇일까? 혹시 실수할까 걱정해서일까? 하지만 실수한다고 해도 AI는 터지지 않는다. 그 옛날 컴퓨터도 결국 안 터졌으니까.

이제 문제는 '기술의 낯섦'이 아니다. 빨리 두려움을 내려놓고 변화의 흐름을 이해하며, 환경을 새롭게 설계할 준비가 되어 있느냐가 핵심이다.

부모라면 누구나 자기 아이를 위해 최고의 환경을 만들어주고 싶어 한다. '맹모삼천지교(孟母三遷之敎)'. 맹자의 어머니가 아들의 교육 환경을 위해 세 번이나 이사했다는 이야기다. 그만큼 아이가 자라나는 환경은 중요하다. 아이 하나를 키우기 위해 온 마을이 필요하다는 말도, 실제 아이를 키워보니 틀린 말이 아니다. 아이를 둘러싼 생활 환경뿐 아니라 학교를 고르는 일도 마찬가지다. 그래서 많은 부모들이 산후조리원부터 시작해 영어유치원, 과학고나 자사고, 그리고 결국 SKY까지 보내려고 온 힘을 다한다. 단순히 공부만 잘하라고 보내는 게 아니라, 공부를 열심히 할 수 있는 환경과 좋은 선생님, 좋은 친구들을 만나 좋은 영향을 받게 하려는 간절한 마음 때문이다.

지금까지는 좋은 학교, 좋은 친구, 좋은 선생님, 좋은 학원을 통해 좋은 대학까지 가고, 대기업에 입사하여 성공의 꽃길을 걷는 것이 가장 안전한 방법이었다. 하지만 시대는 빠르게 변하고 있다. 친구 관계도 변했고, 공부 환경도 달라졌다. 여기에 디지털 미디어라는 새로운 변수가 생겼다. 잘 쓰면 보약이지만, 잘못 쓰면 독약이 될 수 있는 존재다. 예전의 독서실도 그랬다. 공부하러 간다더니 실제로는 딴짓을 하는 학생도 많았다. 인터넷 강의 역시 학생마다 효과가 천차만별이다. 여기에 AI까지 등장하면서 학습 환경은 더욱 복잡해졌다. 미디어가 생활을 넘어 우리 아이들의 뇌까지 지배할지도 모른다는 걱정이 생긴다. AI가 우리 아이에게 약이 될지 독이 될지는 결국 부모의 선택과 이해에 달려 있다. 이제 부모가 직접 나설 때다. 부모가 먼저 AI를 제대로 알아야 하는 이유다.

AI는 벌써부터 친구이자 동반자, 조언자 같은 존재로 자리 잡아가고 있다. 부모라면 누구나 자기 아이가 좋은 친구를 만나길 바란다. 어떤 부모도 자식이 공부를 잘 못하거나 나쁜 짓 하는 친구들과 어울리는 것을 원치 않는다. 아이들이 AI라는 새로운 친구를 만날 때도 마찬가지다. 이제는 가정에서부터 아이가 AI라는 친구와 어떻게 지내야 할지 알려줄 필요가 있다. 아이가 나쁜 AI와 어울리는지, 아니면 착하고 똑똑한 AI와 잘 지내고 있는지 살펴봐야 하는 시대가 되었다.

이제 나의 AI는 전교 1등 친구, 대치동 1타 강사, 심지어 세계적인 석학까지 될 수 있다. 요즘 아이들은 AI에게 야단도 맞는다. 그런 시대가 되었다. 개인 과외를 하듯이, 그런 좋은 친구들을 우리 아이 옆에 두고 싶은가? 그렇다면 먼저 부모가 바뀌어야 한다. 우리는 지금 아주 큰 변화의 한가운데에 서 있다. 특히, 자녀를 키우는 부모라면, AI로 달라지는 새로운 학습 환경과 패러다임 속에서 우리가 어떤 역할을 해야 하는지 진지하게 고민하지 않을 수 없다. 이제 TV 리모컨이 아닌 AI를 손에 쥐어야 할 때다.

소통의 단절, 문해력의 위기

대한민국 교육은 오랫동안 '효율과 경쟁'이라는 목표 아래 빠르게 달려왔다. 그런데 지금 그 결과는 기대와는 전혀 다르게 나타나고 있다. 많은 학생들이 비슷하게 생각하고, 비슷하게 말하며, 비슷하게 글을 쓰는 모습으로 변해가고 있다. 쇼츠(shorts) 같은 짧고 직관적인 문화에 익숙해지면서 대화와 사고(思考)가 줄어들었고, 문해력의 심각한 저하로 이어지고 있다.

SNS와 메신저가 생활의 일부가 되면서 아이들은 새로운 소통 방식을 자연스럽게 받아들였다. 하지만 그와 동시에 깊이 있는 대화를 나누거나, 언어의 맥락을 제대로 이해하는 능력은 점점 약해지고 있다. 특히 초등학교 고학년부터 고등학생까지, 아이들이 사용하는 언어는 갈수록 짧아지고 더 단순해지고 있다. 텍스트 대신 이모티콘, 줄임말, 이미지로 감정을 표현하는 방식에 더 익숙해져 있다.

더 큰 문제는 이런 변화가 일상에서 끝나지 않고, 학교의 수업이나 글쓰기, 발표, 토론 현장에도 그대로 나타난다는 점이다. 교사가 질문을 해도 학생들은 한두 단어로 짧게 대답하고, 토론할 때도 자기 생각을 제대로 펼치지 못한 채 피상적인 말로 얼버무리는 경우가 많다. 이러한 모습을 단순히 시대 흐름이 바뀌었기 때문이라고 보기만은 어렵다. 생각을 말로 표현하고, 그 말을 다시 글로 잘 정리하는 능력 자체가 흔들리고 있다는 의미로 봐야 한다.

결국, 언어를 통한 소통 능력이 점점 약해지고 있는 것이다. 읽지도, 쓰지도, 해석하지도 못하는 세대가 돼 가고 있는 중이다. 글쓰기 수업을 진행하다 보면, 학생 대부분이 비슷한 구조의 서론-본론-결론에 익숙하다. 자율 주제로 자유롭게 글을 쓰라고 하면 당황하거나 두려워 한다. 창의적으로 자신을 표현하기보다는, '정답 같은 표현'만 찾으려는 습관이 자리를 잡고 있다. 겉보기에 국어 성적은 좋지만, 실제로는 긴 문장을 제대로 읽지 못하거나 복잡한 지시문을 이해하지 못하는 학생들이 많다. 이것이 바로 '문해력 착시' 현상이다. 최근 교육 현장에서 가장 큰 고민거리 중 하나가 바로 이 문해력 문제다. 2021년 한국교육과정평가원의 조사에 따르면 중학생 중 20% 이상이 문제의 조건을 정확하게 이해하지 못했다고 응답했다. 이 문제는 단순히 독해력만의 문제가 아니다. 문장을 읽고, 구조를 파악하며, 정보를 종합하고 추론하는 전반적인 인지 능력이 떨어졌다는 의미다. 문해력은 국어 과목 하나에만 해당되지 않는다. 수학의 문장형 문제를 이해하고, 과학 실험의 조건을 분석하며, 사회 과목 지문의 배경을 파악하는 등 모든 학습의 기초가 된다. 문해력이 부족하면 사고의 깊이가 얕아지고, 여러 과목을 연결한 융합 학습도 어렵게 된다.

현대의 AI는 정보를 빠르게 요약하고 재구성하는 데 매우 뛰어나다. 하지만 학생 스스로가 내용을 이해하고 해석하는 문해력을 갖추지 못한다면, AI는 오히려 성장을 방해하는 도구가 될 수도 있다. 학생들이 AI의 답변을 그대로 믿거나 요약된 정보에만 익숙해지면 스스로 생각하고 판단하는 능력을 아주 잃게 될 가능성이 매우 높다. 문해력이라는 기본을 갖추지 않은 상태로 AI를 접하면, 오히려 정보 처리 능력과 자율적 학습의 기회가 줄어들게 되고, 점차 AI에 종속될 수밖에 없게 된다.

그래서 AI 시대에는 문장 기반 소통이 더욱 중요하다. AI에게 질문을 하거나 원하는 정보를 정확히 얻기 위해서는 명확한 문장 구조와 맥락, 정확한 지시어와 목표가 반드시 필요하다. 그러나 지금의 학생들은 AI에게 명확한 지시를 내리는 '프롬프트(prompt)' 자체를 구성하는 능력이 부족하다. 결국 AI를 활용하지만, 주도적으로 활용하지 못하는 상태에 머물러 있다.

더욱이, 최근에는 최적의 프롬프트를 얻기 위해 오히려 AI에게 프롬프트 생성을 요청하는 아이러니한 상황이 벌어지고 있다. 사용자가 스스로 무엇을 모르는지 인식하지 못한 채, 그 부족한 인식을 채워줄 프롬프트조차 AI에게 의존하게 되는 현상이다. 다시 말해, AI에게 "내가 무엇을 모르는지 알려줘. 그리고 너에게 무엇을 시켜야 할지도 알려줘"라고 묻는 것이다. 물론, 생성형 AI는 이 요청에 매우 빠르고 효율적으로 응답한다. 탁월한 분석력과 방대한 데이터 처리 능력으로 주어진 목적에 가장 근접한 문장과 구조를 제안해 준다. 표면적으로는 매우 편리하고 유용한 방식처럼 보인다. 하지만 한 가지 근본적인 질문을 던져보자. "AI가 만들어준 프롬프트는 과연 누구를 위한 프롬프트인가?"

AI는 스스로 수행하게 될 작업을 위해 스스로 명령어 구조를 설계하는 것이다. 이 과정에서 인간은 점점 더 AI의 판단에 의존하게 된다. 결국 우리는 AI에게 "너에게 가장 적합한 명령을 네가 설계해"라고 요청하는 셈이다. 이런 요청은 편의성이라는 이름 아래, 인간 스스로 사고의 주도권을 AI에게 넘기고 있음을 암묵적으로 허용하는 것이다. 분명한 것은 누구도 AI에게 종속되기를 원하지 않는다는 점이다. 인간은 AI를 도구로 활용하기를 원하지, 의사 결정의 주도권마저 넘기기를 바라지는 않는다. 그런데도 우리는 점점 더 AI가 설계한 프롬프트를 아무 의심 없이 받아들이고 있다. AI에게 명령을 내리기 위한 프롬프트를 AI에게 맡긴다는 것은 본질적으로 인간이 AI에 의존하는 수준을 넘어, 도구와 사용자의 관계를 근본적으로 뒤집는 변화이며, 인간 중심의 사고와 결정 체제가 무너져 특이점을 제어할 수 없게 된다는 의미다.

우리는 지금, 프롬프트의 편의성 뒤에 숨은 권력의

이동을 직시해야 한다. 프롬프팅(prompting)의 진정한 주체는 '인간'이어야 하며, 따라서 AI가 제안하는 편향적 구조를 비판적으로 해석하고 재구성하는 능력이 반드시 뒷받침되어야 한다. 그렇지 않으면 우리는 마치 영화 〈매트릭스(Matrix)〉처럼 AI가 주도하는 사고 구조 속에 제압된 존재임을 알지도 못한 채 AI 속에서 살아가야 한다.

자칫 AI는 이 현상을 더 심화시킬 수도 있다. 다양한 AI 도구들이 글의 초안을 자동으로 작성해 주고, 정답을 추천하며, 요약된 정보를 제공한다. 아이들이 자기 생각을 정리하고 표현하는 시간을 줄이고, 기계가 제시하는 정답에 더욱 의존하게 되는 구조가 만들어지는 것이다. 사고의 자율성은 점점 약화되고, 결과의 평준화가 학생들의 개성을 지워버린다. 이제는 AI라는 새로운 기술의 등장이 이 문제를 더욱 첨예하게 만들고 있다. 지금, 우리는 교육의 본질을 다시 묻고 근본적인 체제 변화를 모색해야 할 시점에 서 있다.

지금 필요한 것

지금의 아이들은 태어나면서부터 스마트 기기와 AI를 접하고, 넘쳐나는 정보 속에서 살아가며, 문제를 푸는 능력보다 문제를 찾고 해석하는 능력이 더 중요해진 시대에 살고 있다. 이런 시대에 자녀 교육을 책임지는 부모도 예전의 방식에 머물러서는 안 된다. AI는 이제 단순한 '기술'이 아니다. 교육의 든든한 조력자이자 개인교수이고, 부모를 돕는 유용한 컨설턴트다. 하지만, 많은 부모들이 AI에 대해 어려워한다. "난 기계를 잘 몰라서…", "우리 애는 알아서 잘 쓰던데…"라고 생각한다. 하지만 AI는 이제 전문가나 IT 개발자만의 영역이 아니다. 오히려 AI를 가장 필요로 하는 사람은 평범한 학생과 학부모들이다. 그렇다면, 부모는 AI 시대에 어떤 방식으로 자녀의 교육을 도와야 할까?

아이들은 저마다 고유한 학습 스타일과 잠재력을 갖고 있다. 어떤 아이는 눈으로 보는 정보를 잘 이해하고, 또 어떤 아이는 귀로 듣거나 말을 하면서 배우는 것이 더 쉽다. 오래 앉아 집중하기보다는 짧고 강렬한 몰입을 선호하는 아이들도 있다. 이러한 학습 방법의 다양성은 기존의 정형화된 교육 시스템에서는 포착되기 어렵다. 하지만, 부모는 이미 내 아이의 성향을 잘 알고 있다.

AI는 학습 정보를 요약하고, 학습 스케줄을 제안하며, 질문에 대답하고, 아이의 성향을 분석해 주지만, 아무리 뛰어난 기술로 얻은 정보라 할지라도 우리 아이에게 가장 적합한 방식으로 '활용'시켜주지 못하면 아무 소용이 없다. 바로 이 '제대로 된 활용'을 이끌어 내는 역할이 부모의 몫이다.

AI는 개별 아이들의 미세한 차이를 잡아내고, 맞춤형 학습 방법을 제공할 수 있다. 하지만 아이 혼자서는 그 정보의 의미를 충분히 이해하고 스스로 활용하기 어렵다. 부모는 AI가 제공하는 데이터를 통해 아이의 감정과 생각을 읽어 내고, 정서적으로 소통하며, 아이의 실제 생활과 연결해 주는 '해석자'가 되어야 한다. 그래서 기술 문명 사회에서 부모의 역할은 더욱 중요해졌다. 부모는 아이에게 가장 가까운 코치이자 파트너다. 아이의 하루를 누구보다 잘 알고, 감정 상태를 가장 민감하게 느끼며, 아이가 왜 학습에 집중하지 못하는지를 가장 정확하게 이해하는 사람이다. 다만, 문제 해결 방법을 모를 뿐이다. AI는 방대한 데이터를 제공하지만, 그 뒤에 숨어 있는 감정이나 환경, 상황적 맥락을 이해할 수 있는 사람은 오직 부모뿐이다.

이제 단순히 학습의 결과만을 바라볼 것이 아니라, 학습의 '과정'과 그 안에 담긴 '의미'를 아이와 부모가 함께 나누어야 한다. AI가 분석한 데이터를 부모가 아이의 언어와 감성으로 다시 풀어내는 것이 핵심이다. AI는 이 과정에서 효과적인 안내자 역할을 하게 된다.

자녀 교육은 부모 혼자 끌고 가는 것이 아니다. 부모와 아이, 그리고 AI가 함께 만들어 가는 새로운 학습의 동반자 관계가 되었다. 부모는 더 이상 내 아이를 감시하거나 관리하는 사람이 아니다. 지금 아이에게 필요한 부모는 자신의 상황을 깊이 이해하고, AI와 협력하면서 아이의 가능성과 성장을 도와줄 수 있는 든든한 동반자다.

교육의 중심을 다시 학생과 현장으로

대한민국의 교육은 분명히 많은 성과를 이루어냈지만, 이제는 그 기반을 다시 점검해야 할 시점이다. 교육부와 통계청 자료에 의하면 초·중·고교 학생 수는 20만 명 이상 감소했지만, 사교육비는 8% 가까이 증가했다. 교육 당국은 '전인 교육'을 중요한 지표로 내세우고 있지만, 인성과 예체능 교육마저 이미 사교육에 잠식되었다. 특히, 사교육 시장은 빠르게 AI의 장점을 흡수하며, 소수 정원을 대상으로 AI를 활용한 학습으로 전환하고 있다. 결과적으로 지금의 공교육은 인간의 전인적 성장과 다양성을 모두 놓치고 있는 상황에 처했다.

직업의 세계에서도 비슷한 변화가 일어나고 있다. 불과 몇 년 전 불어닥쳤던 코딩(coding) 교육 열풍을 기억할 것이다. 초등학교와 사설 학원마다 코딩을 가르치지 않으면 큰일 날 것처럼 경쟁적으로 프로그램을 개발하고 제공했다. 하지만 지금의 현실은 또 다르다. "이제 프롬프트 몇 줄이면 내가 하루 걸리던 일을 10분 만에 끝내요"라는 말이 흔히 들리는 시대가 되었다.

AI의 등장은 한때 가장 안전하다고 여겨졌던 화이트칼라 직군에 가장 먼저 큰 영향을 미치고 있다. 한국고용정보원은 현재 약 39% 수준인 AI의 직무 대체율이 2027년까지 두 배 가까운 67%에 이를 것으로 전망했다. 법률, 세무, 번역부터 콘텐츠 제작까지, 특히 텍스트 기반 업무는 이미 위험 신호를 보이고 있다. 국내 최대 법률사무소인 '김앤장'에서도 통번역과 속기 업무 일부를 AI로 대체했다는 소식이 전해졌고, 증권사 애널리스트나 설문조사원 같은 리서치 분야의 인력 수요도 급격히 줄어들고 있는 추세다. 심지어 의사와 변호사 같은 전문직들은 아예 AI로 대체될 가능성이 매우 높다.

하지만 이런 변화 속에서 새로운 기회도 함께 열리고 있다. AI를 능숙하게 활용할 줄 아는 사람들은 오히려 더 큰 가치와 가능성을 얻고 있는 것이다. AI 엔지니어나 데이터 과학자부터 헬스 케어 AI 개발자, 금융 알고리즘 전문가, 스마트 팩토리 엔지니어 등 새로운 직업들이 등장하고 있다. 프롬프트 디자이너, AI 윤리 전문가, 디지털 트윈 설계자 같은 신흥 직업군도 주목받고 있다. 이제는 단순한 기술 습득을 넘어 데이터 분석력과 창의적인 문제 해결력, 비판적 사고력이 중요한 능력으로 자리 잡고 있다.

더 눈여겨볼 점은 임금 격차다. 글로벌 컨설팅 기업인 'PwC(PricewaterhouseCoopers)'에 따르면, AI 기술을 잘 다루는 사람은 같은 직군 내에서도 평균 56% 더 높은 급여를 받고 있으며, 이들의 임금 상승 속도는 다른 산업의 두 배를 넘는다고 한다. 채용 시장 전체가 축소되고 있는 와중에도 AI 역량을 갖춘 인재 채용은 오히려 7.5% 늘어난 것으로 나타났다.

이제 업무의 형태와 내용이 달라지고 있다. 과거와는 전혀 다른 새로운 직업들이 생겨나고 있는 지금, 전문직이라는 개념 자체가 다시 정의되어야 할 시점이 다가온 것이다. AI가 고장 나면 수리해 줄 전문가가 필요한 시대, 문제가 발생하면 네트워크를 파헤쳐 무엇이 왜 잘못되었는지, 그리고 어떻게 수리할지를 찾아낼 수 있는 사람. 기존의 IT 기술자와는 다른 모습일 것이다.

시대 변화는 빠르지만 교육은 멈춰 있다. '지금 여기'의 교육을 다시 설계해야 한다. AI는 분명히 교육을 더

풍요롭게 만드는 훌륭한 도구가 될 수 있다. 하지만 그 전에 꼭 필요한 것은 아이들이 스스로 생각하고, 자기의 생각을 말과 글로 제대로 표현하는 힘을 기르는 것이다. 획일적인 교육 환경, 깊이 있는 대화의 단절, 그리고 문해력의 위기 속에서 아이들은 점점 생각하지 않고, 질문하지 않으며, 표현조차 하지 않는다. 그래서인지 성적에 대해서도 "무엇이 부족해서 점수가 깎였느냐"고 물어본다. 학습은 100점에서 부족한 만큼 감점하는 게 아니라, 0점에서부터 내가 노력한 만큼 쌓아가는 과정이다. 하지만 지금의 교육 체제에서는 학생들이 실수만 하지 않으면 누구나 '공정(?)'하게 만점에 도달할 수 있다는 기대를 은연중 심어 주고 있다. 이런 생각은 예술, 인문학, 공학, 과학을 포함한 모든 분야에서 융합적 사고나 창의적 도전을 어렵게 만든다. 지금 우리의 교육은 이것을 놓치고 있다.

지금도 많은 아이들이 미래에 대한 불안감을 안고 공부한다. AI 시대에 중요한 것은 '얼마나 많은 정보를 아는지'가 아니라, '정보를 어떻게 활용하고, 무엇을 질문하며, 어떻게 해석하는지'다. 누구나 같은 교재로 공부하고, 같은 시험을 보던 시대는 지났다. 이제 성적표보다는 학습 과정 자체에, 교과서보다는 아이들의 질문에, 당장의 성취보다는 꾸준히 성장할 수 있는 학습 습관에 초점을 맞춘 교육이 필요하다. 대한민국 교육의 미래는 '더 많이 외우는 아이'가 아니라 '더 깊이 생각하는 아이'를 길러내는 데 달려 있다. 그래서 아이들에게 희망과 기회를 주는 교육으로 거듭나야 한다. 그것이 진정한 교육 선진국이 되는 길이며, 우리가 다음 세대에게 남겨줄 수 있는 가장 소중한 유산이다.

이 책《AI로 자녀 공부 돕기》는 변화된 시대에 맞춰 아이가 스스로 생각하고 배우며 성장할 수 있도록, 부모가 아이의 학습을 효과적으로 지원하고, AI를 통해 더 창의적이고 효율적인 학습 환경을 만드는 방법을 안내하기 위해 쓰였다. 그래서 이 책은 단순히 자녀의 성적을 올리는 방법에 집중하지 않는다. 핵심은 학부모로서 AI를 어떻게 바라보고, 자녀 교육에 어떻게 적용하고, 자녀가 AI를 어떻게 활용해야 하느냐에 초점을 두었다.

AI는 부모를 대체하는 것이 아니라, 부모의 역량을 확장시켜주는 도구다. 자녀의 학습 성장은 단순한 지식 전달보다, 학습 환경과 정서적 지원이 훨씬 더 큰 영향을 미친다. 그래서 부모는 AI 시대의 교육 동반자로서, 자녀의 성장을 함께 설계하는 존재가 되어야 함을 강조한다. 또한, AI 도구 활용은 기술적이지 않다. AI와 사용자 안에 담긴 철학과 방향이 핵심임을 설명한다. 결국 교육의 본질은 사람과 사람 사이의 관계에 있고, AI는 그 관계를 매개하는 역할이라는 철학을 바탕으로 구성되었다.

그리고 다음과 같은 질문에 대한 답을 찾고자 한다.

"AI 시대에 학부모는 어떻게 재정의되어야 하는가?"

"자녀가 AI와 올바른 관계를 맺고 이어갈 수 있도록 부모는 무엇을 준비해야 할까?"

AI가 모든 것을 대신해 줄 수는 없다. 그러나 부모가 보지 못하거나 해결할 수 없는 부분을 AI가 보완하고 해결해 줄 수 있다. 지금 변화의 문 앞에 서 있다면, 그 문을 여는 열쇠는 AI가 아니라 부모 자신이다. AI는 열쇠를 더 쉽게 찾도록 도와주는 도구일 뿐이다. 이 책이 그 열쇠를 찾는 여정에서 유용한 나침반이 되기를 바라며, 자녀의 미래를 준비하는 새로운 첫걸음을 시작할 수 있기를 기대한다.

참고문헌

박서진(2025.7.21). ""불안이 현실됐다" "이제 뭐 먹고 살아야하나" … 잠 못 이루는 직장인들, 무슨 일?". 이콘밍글.

https://econmingle.com/economy/concerns-over-ai-job-replacement/#

이기호(2025.7.23). "'프롬프트 엔지니어링'에서 '프롬프트 디자인'으로: AI 세대, 교육의 새로운 방향을 말하다". 투데이신문. https://www.ntoday.co.kr/news/articleView.html?idxno=117731

이도경(2025.7.23). "[학교가 무너진다] 사교육에 압도된 공교육. 학교는 자거나 학원 숙제하는 곳… 진짜 공부는 학원에서". 《국민일보》. https://www.kmib.co.kr/article/view.asp?arcid=1753166739

Wordrow. "孟母三遷之敎(맹모삼천지교)" https://wordrow.kr/%EC%9D%98%EB%AF%B8/%EB%A7%B9%EB%AA%A8%EC%82%BC%EC%B2%9C%EC%A7%80%EA%B5%90/

Open AI. ChatGPT-4o.

01
부모가 바뀌어야 자녀가 성공한다

시대는 변했지만, 부모는 바뀌지 않았다. AI 시대의 부모는 학습을 시키고 감독하는 지시자가 아니다. AI를 손에 들고, 아이 곁에 서서 함께 손잡고, 아이가 걸어야 할 길을 만들어 가는 안내자여야 한다. 부모의 전환이 곧 AI 교육의 출발점이다.

기후 위기와 인공지능?

변하는 시대, 변하지 않는 부모

"공부 해!", "성적이 왜 이래?", "그렇게 할 거면 학교 다니지도 마!" 많은 부모들이 자녀에게 자주 하는 말들일 것이다. 그러나 과연 이 말들이 자녀의 학습 동기를 자극할 수 있을까, 아니면 부담과 압박으로만 작용할까? 대부분의 부모들은 자녀의 높은 학업 성취를 진심으로 바라지만, 그 바람과 조치가 곧바로 효과적인 교육으로 이어지지는 않는다. 환경은 빠르게 변화하고 있지만, 아직까지 교과서의 내용을 얼마나 잘 외우고 문제를 실수 없이 잘 푸느냐가 중요한 시대다. 집단 교육은 평균 수준을 기준으로 일률적인 커리큘럼에 의존한다. 기초 학력 부진 학생에겐 너무 어렵고, 공부 잘하는 학생에겐 무의미한 시간이 된 지 오래다. 학생 개개인의 특성과 흥미는 고려되지 않았기 때문에 다수에 효율적인 방식이 소수에게는 차별과 학대가 되고 있다.

AI가 등장하면서 교육의 본질이 바뀌어 가고 있다. 이미 우리는 과거와 현재와 미래가 공존하는 교실을 접하고 있다. 문제는 바로 여기에 있다. 자녀들은 길어야 10년 후면 완전히 다른 환경에서 살아가게 될 것이고, 그에 대비한 학습 전략이 필요한 반면, 학교와 부모는 여전히 과거의 렌즈로 자녀의 미래를 보고 있다는 점이다. 그래서 많은 부모들이 여전히 익숙한 방식으로 자녀 교육을 시도한다. 문제집을 사 주고, 학원을 바꾸고, 온라인 강의를 찾아 주고, 성적표를 받아 들고 아이를 다그친다. 이런 강압적 방식이 단기적으로는 일정한 효과를 낼 수도 있다. 하지만 더 중요한 것은 자녀 스스로 학습하는 힘, 곧 '자기 주도성'이다. 잔소리와 강제적인 통제가 아니라, 아이가 주도적으로 학습에 몰입하고 즐길 수 있는 환경을 만드는 것이 진짜 가정교육이다.

AI 시대라는 새로운 국면을 맞이한 지금, 부모가 할 수 있는 가장 현명한 선택은 AI를 이해하고 적극적으로 활용하는 것이다. 문제는 교육과 학습에 AI를 어떻게 활용해야 할지 잘 모른다는 점이다. 심지어 AI 자체를 어떻게 써야 하는지를 모르는 부모들이 대부분일 것이다. 이때 꼭 인지해야 할 점은, AI는 기술(technology)이 아니라 소통(communication)이라는 사실이다. AI는 인간의 사고와 학습 과정을 모방하며, 데이터를 바탕으로 개인별 피드백을 제공하고, 반복 학습을 자동화하고, 학습자의 성향과 패턴을 정밀하게 분석하는 능력을 갖추고 있는, 인간과 유사하게 인공적으로 만들어진 '지능'이기 때문에 학습자와 연결(connection)되고 대화하는 새로운 소통의 장치다. 따라서 부모가 AI를 단순한 기능적 도구

(tool)로만 인식한다면 그 가능성은 제한적일 수밖에 없다. 이제는 부모 자신이 교육관을 다시 점검하고, 변화된 시대에 맞게 스스로를 재정립해야 한다. 그래야만 자녀가 AI 시대의 학습 환경 속에서 자기 주도적으로 성장할 수 있는 길을 열어줄 수 있다.

AI 시대, 부모의 진짜 역할은?

엄마의 정보력, 그리고 아빠의 경제력과 무관심이 있어야 아이를 좋은 대학에 보낼 수 있다는 말이 있다. 예전에는 자녀를 법대에 진학시키기 위한 고액 과외 열풍이 있었다면, 지금은 그때보다 10배 더 비용을 들여 의대를 목표로 하는 사교육 시장에 성행한다. 서울 대치동 학원가에는 지방에서 올라온 학생들을 위한 기숙 학원이 운영되고 있고, 일부 학원은 등록 경쟁이 대학 입시보다도 치열하다. 유치원생이 미적분을 배우고, 시험을 치러야 학원에 들어갈 수 있으며, 학원 레벨 테스트를 위한 학원이 존재한다. 이처럼 극한의 경쟁 속에서, 문제는 '정보 부족'이 아니라 오히려 '정보 과잉'에 있다. 정보는 넘쳐나지만, 정리가 되지 않고, 정확한 사실 관계 판단이 어렵다. 엄마의 정보력에 과부하로 인한 한계가 생기고, 지금처럼 무관심한 아빠는 더 이상 도움이 되지 않는다.

이럴 때 필요한 것이 바로 AI다.

부모 입장도 이해는 된다. 대학 입시는 여전히 인생의 중요한 관문이고, 그 문턱을 넘기 위해선 좋은 성적이 필요하다. 그래서 자꾸만 성적표와 학원 성과를 들여다보게 되고, 공부의 과정보다는 결과만으로 아이를 평가하게 된다. 아이가 사회에서 인정받기를 바라는 마음에 감시하고, 관리하고, 다그칠 수밖에 없는 것이다. 그나마 다행인 것은 기술의 발전으로 세상의 평가 기준이 조금씩 바뀌고 있다는 점이다. 이제는 입시에서도 '무엇을 얼마나 아는가'보다 '어떻게 배우고 사고하는가'가 더 중요해지고 있다. 검색 몇 번이면 수준 높은 정보를 얻을 수 있고, AI는 인간보다 더 빠르고 정확하게 분석한다. 결국 중요한 건, 그 정보를 아이 스스로 어떻게 받아들이고, 이해하고, 활용하느냐다. 그리고 그것을 가능하게 해 주는 힘은 부모의 새로운 역할에서 비롯된다.

AI 시대로 접어든 지금, 학부모의 역할은 이제 새롭게 정의될 필요가 있다. 첫째, AI 활용 방향을 함께 찾아주는 'AI 안내자(guide)'가 되어야 한다. 아이가 스스로 AI를 활용해 문제를 해결하고 학습을 확장해 나갈 수 있도록 길을 안내해 주는 역할이다. 과거에는 아이의 성향에 맞는 학원이나 학습지를 함께 고르는 일이 중요했다면,

이제는 다양한 AI 도구의 기능을 이해하고 자녀의 연령과 학습 목적에 맞는 도구를 함께 선택하는 것이 필요하다. 더 나아가 어떻게 활용할 수 있을지 대화를 통해 방향을 함께 찾아주는 역할이 중요하다.

둘째, 자녀와 함께 대화하는 'AI 조언자(mentor)'로서의 역할이 중요하다. 예전에는 자녀의 친구 관계나 학교생활을 살피며 조언했다면, 이제는 아이가 AI를 어떤 방식으로 활용하는지를 살펴야 한다. AI 사용이 효과적인지, 편향된 정보는 없는지, 바람직한 습관으로 이어지고 있는지 점검해야 한다. 또한 어떤 AI를 선택할지, 어떤 질문을 던질지, 그리고 AI의 답변을 어떻게 받아들이고 활용할지에 대한 태도와 기준을 함께 고민하고 지도하는 것이 부모의 몫이다.

셋째, 'AI 매니저(manager)'로서 역할을 해야 한다. 이제는 AI가 친구보다 더 중요한 관리 대상이 되었다. 자녀가 AI와 나누는 대화, 그 결과물에 대한 의존 정도, 그리고 비판적으로 수용할 수 있는 능력을 지속적으로 관리해야 한다. AI가 데이터를 분석하고 문제를 제공할 수는 있지만, 왜 공부해야 하는지에 대한 내적 동기와 자존감을 심어주는 건 부모의 몫이다. AI 시대의 부모는 아이가 AI와 건강한 관계를 맺고 자기 주도적으로 성장할 수 있도록 디지털 리터러시를 길러줘야 한다.

만약 부모가 AI를 모르거나 외면한다면, 그래서 학습 주도권을 학원이나 AI에 맡긴 채 "알아서 하겠지"라고 생각한다면, 아이는 넘치는 정보 홍수 속에서 방향을 잃거나 학습 경쟁력을 갖기 어려운 시대가 되었다. 같은 AI 도구를 사용하더라도 어떤 아이는 단순히 답을 찾는 수준에 머무르고, 다른 아이는 사고의 폭을 넓히고 스스로 학습 계획을 세운다. 그 차이는 결국 부모가 어떻게 개입하느냐에 달려 있다. 부모가 학습 안내자로서의 역할을 인식하고 자녀의 학습에 적극적으로 개입한다면, AI는 아이의 성장을 위한 강력한 도구가 될 수 있다.

결국 부모가 AI를 활용한다는 것은 자녀의 성장 로드맵(roadmap)을 새롭게 그리는 일이다. 특히 자기 주도 학습이 아직 자리 잡지 않은 초등학생이나 중학생 자녀에게는 부모의 조율과 안내가 절대적으로 필요하다.

부모의 변화가 AI 교육의 시작이다

스탠퍼드 인간중심 인공지능 연구소(Stanford Institute for Human-Centered Artificial Intell- igence)의 디지털 경제 연구소장인 '에릭 브린욜프슨(Erik Brynjolfsson)'은 "우리가 정말로 성취하고 싶은 것은 무엇인가? 목표는 무엇인가?"를 생각해야 한다고 말한다. AI가 가져올 미래는 언젠가 모든 것을 하기 위해 모든 것을 '어떻게' 하는지 알 필요가 없기 때문이라고 한다. 결국, 'AI 대전환' 시대를 여는 열쇠는 '정답지'에 있는 것이 아니라, '질문'을 만들 줄 아는 사람에게 있다는 의미와 연결된다. 그래서 우리 부모들은 AI가 몰고 올 미래에 우리 자녀들의 '디자이너'로 변신되어야 한다.

이제 자녀 교육의 첫 단추는 성적표가 아니라 부모 자신이다. AI는 데이터를 제공하고, 학습 경로를 제시하고, 스타일을 분석할 수는 있지만, 그 모든 정보를 자녀에게 맞게 해석하고, 실제 삶에 연결시켜 주는 건 여전히 부모가 해야 한다. 그래서 교육은 함께 성장하는 여정이다. "나는 AI 잘 몰라", "우리 아이한테 물어보면 돼"라는 말은 이제 통하지 않는다. 부모가 먼저 공부하고, 먼저 도전하며, 스스로 성장하는 모습을 보여줘야 할 때다. 부모는 방향을 잡고, AI는 분석을 맡으며, 아이는 실행해 나가는 삼각 구조가 제대로 작동할 때, 성적 향상은 물론이고 자녀의 장기적인 성장까지 끌어낼 수 있다.

부모가 바뀌면, 아이에게 공부는 '해야 하는 일'이 아니라 '하고 싶은 일'이 될 것이다. 이런 변화는 단순히 성적 향상에 그치지 않고, 평생 배울 힘으로 이어진다. AI

시대의 진짜 경쟁력은 기계가 할 수 없는 것을 해 내는 능력이다. 사랑하고, 공감하고, 스스로 배우는 힘. 이 모든 것의 시작은 부모의 변화다. 현명한 부모는 이제 AI를 두려워하지 않아야 한다. 그럴 이유도 없다. 아이의 미래를 준비시키기 위해 공부를 시키고, 좋은 대학과 직장을 꿈꾸게 하듯, AI 시대를 살아가야 할 우리 아이들을 대비시켜야 한다. AI의 무한한 기능도 결국 의미 있는 활용이 전제되지 않으면 효과를 내기 어렵다. 그 활용을 실질적으로 이끌어 낼 수 있는 사람이 바로 부모다.

문제는 정작 부모가 변하지 않는다는 데 있다. AI와 디지털 기술로 대체되는 요즘, 부모가 변화하지 않으면 자녀의 학습 역시 한계에 부딪힐 수밖에 없다. 반대로 부모가 먼저 배우고, 실수를 인정하며, 성장하려는 모습을 보일 때, 아이는 그것을 보고 함께 자라난다.

그렇다면, 부모의 변화는 어떻게 가능한가? 먼저, AI를 직접 사용해 본다. AI를 이해하고 잘 활용한다는 것은 '기계를 다루는 능력'과 아무런 상관이 없다. 아이에게만 쓰라고 하지 말고, 부모가 먼저 써 보는 것이 중요하다. ChatGPT, Gemini, Claude, Perplexity, Clova X 같은 생성형 AI 도구를 직접 활용해 일정 계획을 세우고, 모르는 것을 질문하며, 업무 정리나 일기 작성, 가계부 관리, 여행 계획 등을 스스로 해 본다. 이렇게 다양한 일에 활용해 보며 자연스럽게 사용 방법을 익혀가는 과정이 필요하다. 이후 아이의 학습 내용을 정리해 보거나, 학습 계획을 세워 보는 것이 좋다.

그리고 여기서 한 걸음 더 나아가, AI에게 어떤 방식으로 질문을 구성해야 유의미한 답을 얻을 수 있는지, 어떤 도구가 어떤 상황에 적합한지, 자녀의 학습 패턴과 맞는 AI 서비스는 무엇인지, 또 AI가 제공하는 피드백을 어떻게 해석하고 활용해야 하는지 등을 자녀와 함께 대화하며 공유하는 시간이 필요하다. 이는 단순한 기술 습득뿐만 아니라, 부모의 교육적 통찰과도 직결된다.

주의할 점은 이런 강력한 기술이 모든 가정에서 똑같이 작동하지는 않는다. 중요한 건 기술 자체보다 그것을 함께 다루는 부모의 태도와 실천이다. 변화는 철학에서 시작되지만, 행동으로 이어져야 실제가 된다. AI가 아무리 뛰어나더라도, 그것을 '누가', '어떻게' 활용하느냐에 따라 결과는 완전히 달라질 수 있다. 그렇기 때문에 부모가 먼저 AI를 경험하고 이해해야만 자녀의 학습과 성장 과정에서도 올바른 길잡이가 될 수 있다.

참고문헌

Capps, R.(2025.6.17). A.I. Might Take Your Job. Here Are 22 New Ones It Could Give You. 《New York Times》. "AI가 가져올 새로운 일자리 22가지". 김수빈 옮김(2025.07.18). PADO.
https://www.pado.kr/article/2025071812468869034

Open AI. ChatGPT-5.

02
내 아이를 위한 AI 학습

AI 네이티브 시대, 교육의 축이 지식 암기에서 문제 해결로 이동했다. 인터넷이 '정보 접근'의 혁명이었다면, AI는 '지식 활용'의 혁명이다. 핵심은 프롬프트 역량. 부모는 두려움에 머물지 말고, AI의 성향과 장단점을 파악해 원활한 대화를 이어가야 한다. 교육의 새로운 언어는 AI다.

노래하는 AI 보컬?

변화는 힘들지만, 꼭 필요한 일

요즘 MZ세대(Millennial Z-Generation) 사이에서 ChatGPT를 활용하는 가장 흥미로운 방식 중 하나는 바로 '팩폭 요청'이라고 한다. 한 언론 보도에 따르면, "날 비판해 줘", "내 단점만 빼 때리게 말해 줘", "너무 띄우지 말고 냉정하게 평가해 줘" 같은 프롬프트를 입력하면 ChatGPT는 사용자의 언어 습관이나 성향 등을 바탕으로 꽤나 직설적이고 객관적인 피드백을 내놓는다고 한다. 단순히 정보 소비를 넘어, 일종의 '자기 점검' 도구처럼 활용하는 것을 보여주는 사례다. 이제는 Z세대를 넘어 'AI 네이티브(AI Native)' 시대가 도래했다. 태어나면서부터 생성형 인공지능이 삶의 일부로 자연스럽게 스며드는 환경 속에서 자라나는 세대다. 처음 스마트폰을 잡은 아이가 가장 먼저 대화를 나누는 상대가 사람이 아닌 AI 챗봇일 수도 있는 시대. 그러다 보니 앞으로는 아이들이 가장 먼저 접하고 의지하는 존재가 부모가 아닌 AI일 수 있다. 인간과 인공지능 사이의 관계가 더 자연스럽고 친밀하게 형성될 수 있는 시대가 도래한 것이다. 지금 스마트폰만을 들여다보고 대화가 단절된 10대들의 모습을 보면 쉽게 상상할 수 있다.

인류는 지금 중요한 변화의 순간을 맞고 있다. 19세기와 20세기 교육의 가장 큰 차이는 인터넷 도입으로 인한 공간과 방법의 변화였다. 지식과 정보량은 늘어났고 학교와 교사의 역할은 줄어들었다. 이제 21세기는 인공지능이 교육에 들어오면서 학교와 교사의 미래를 예측할 수 없는 상황이 펼쳐졌다. 과거 인터넷의 도입으로 인해 교육의 중심은 변함이 없었으나, 인공지능은 그 중심축 자체를 이동시키고 있다.

세계경제포럼(WEF)이 발표한 '2025 미래 일자리 보고서'에 따르면, 2030년까지 평균적인 직업에서 요구되는 기술의 약 70%가 바뀔 것으로 전망했다. 향후 5년 이내에 AI와 신기술의 발전으로 약 900만 개의 일자리가 사라질 것으로 예상되지만, 반대로 AI로 인해 약 1100만 개의 새로운 일자리가 창출될 것으로도 전망하고 있다. 그중 상당수의 직업군은 지금은 존재하지 않는 완전히 새로운 역할이 될 것이라고 예측하고 있다. 이러한 변화는 직업의 형태만 바꾸는 것이 아니라, 업무의 처리 방식과 내용, 그리고 그 중심에 있는 '근로자'의 정의까지 바꾸고 있다.

학생은 더 이상 정답을 맞히는 사람이 아니다. 문제를 찾고 해결하는 사람이다. '지식 소유'에서 '문제 해결력'이 중요해진 사회로 이미 들어섰다. '어떻게 공부할까'에서 '무엇을 묻고 어떻게 사고할까'로 학습의 방향이 이동 중이다. AI와 협력하는 사고력, 질문을 통해 대화를 주도하는 능력, 프롬프트를 디자인하는 역량이 앞으로 핵심 역량이 된다.

교육이 바뀌어야 한다는 말은 이제 낯설지 않다. 그리고 모두가 공감하는 부분이다. 하지만 현실적으로 쉽지 않다. 교육을 바꿀 수 없다면, 내가 이 나라를 떠나든가, 나를 바꿔야 한다. 그런데, 성적과 입시 중심 교육 시스템 안에 있어야만 하는 우리 아이들은 그 선택마저 매우 제한적이다. 그래서 부모가 먼저 방향을 잡고 아이와 함께 새로운 길을 설계해 나가야 한다. 결국 선택은 부모에게 달려 있다. 내 자녀가 앞으로 사라지고 없어질 직업을 위해 밤새 공부하며 익숙한 길을 따르게 할 것인지, 불확실하지만 새로운 직업과 삶을 스스로 창출해 나가는 주도적인 삶으로 이끌 것인지 선택해야 한다. 당장의 변화가 어렵다면 지금의 교육 체계에 따라 학습을 이어가되, AI로 변화될 미래에 대비할 방법을 자녀에게 찾아줘야 한다.

사실 지금까지 그 누구도 AI와 함께 공부해 본 경험은 없다. 모든 것이 처음이기 때문에 시행착오는 당연히 존재한다. 온 세상이 시행착오 중이다. 그래서 AI의 등장을 두려움의 시선으로 바라보곤 한다. 특히 교육 분야에서 AI가 교사나 부모의 역할을 대체하거나, 아이들이 스스로 학습하는 힘을 약화시키는 도구라는 두려움의 시선이 일반적이다. AI와 함께 공부하는 경험은 우리 모두에게 낯설고 두렵다. 하지만 두려움에 머물러 아무 것도 시도하지 않는다면, 아무런 변화도 얻을 수 없다. 멈춰 있는 순간에도 변화는 계속 진행되는 시대다. 마치 움직이는 에스컬레이터에서 역방향으로 거슬러 가는 것처럼, 걸음을 멈추는 순간 점점 뒤로 밀리게 된다. 부모가 멈추면, 자녀는 퇴보된다. 그래서 지금은 무엇보다도 먼저 움직이고 함께 시도해 보는 용기가 필요하다.

AI로 무엇을 어떻게 해야 할까?

생성형 AI의 혁명은 우리가 알던 인터넷 혁명과는 매우 다른 양상을 띤다. 인터넷은 검색을 통해 많은 정보를 나열해 주는 데 그쳤지만, AI는 사용자의 질문 의도와 맥락을 이해하고, 필요한 정보를 선별해 종합하며, 심지어 새로운 형태로 재구성해 제공하고 있다. 즉, 인터넷이 '정보 접근'의 혁명이었다면, 생성형 AI는 '지식 활용'의 혁명이다. 원하는 답을 얻기 위해 검색어를 고민하던 시대에서, 이제는 문제를 정의하고 AI와 대화하며 해결책을 함께 찾아가는 시대로 전환된 것이다. 이 차이는 단순한 편리성의 문제가 아니라, 학습과 사고의 패러다임을 완전히 바꿔놓는 변화다.

이러한 변화는 교육에도 커다란 전환을 가져왔다. 인터넷은 필요한 지식과 정보를 손쉽게 찾을 수 있는 '학습 도구'로서 가능성을 열었던 반면, AI는 지식 검색은 물론 학습 내용을 정리하고, 교과 과정에 따른 시험 문제를 출제하고, 자녀의 학습 결과를 분석하고, 맞춤형 콘텐츠를 추천하며, 학습 계획을 관리해 주는 '학습 도우미'이자 정보 데이터 기반의 '교수자' 역할까지 수행한다. 학습자가 주도적으로 성장할 수 있도록 돕는 새로운 교육 생태계를 만들어 가고 있다. 하지만 이런 기능들이 공부하는 학생들에게 제대로 작동되기 위해서는 AI의 원리와 역할을 이해하는 부모의 역할이 반드시 필요하다. 즉, 부모는 AI의 개념과 작동 방식을 이해하고, 자녀의 발달 단계에 적합한 전략으로 활용할 책임을 져야 한다.

따라서 부모는 자녀의 학습 스타일을 먼저 이해하는 데서 출발해야 한다. 아이마다 타고난 성향과 감각 자극 방식이 다르기 때문에, 시각형, 청각형, 체험형 중 어떤 유형에 가까운지를 먼저 파악하는 것이 중요하다. 이에 따라 AI는 보통 네 가지 방식으로 자녀의 개인 학습을 지원해 줄 수 있다. 첫째, 자녀가 현재 무엇을 알고 있고, 무엇을 모르는지를 진단한다. 둘째, 학습 성향을 분석해 적절한 콘텐츠를 추천한다. 셋째, 학습의 진도와 난이도를 조절하며 지속적인 학습 계획을 제시한다. 넷째, 학습 결과와 피드백을 분석해 부모와 자녀가 함께 학습 전략을 조정할 수 있도록 계획을 제안한다. 이 과정에서 부모는 AI가 제시한 데이터를 단순히 보고 전달하는 데에만 그치지 않고, 자녀의 특성과 상황에 맞춰 학습 전략을 개별화(customizing)하는 것이 바람직하다.

핵심은 AI 학습법과 자기 주도 학습을 결합하는 전략이다. AI는 빠르고 정확한 피드백을 제공하지만, 그 피드백을 받아들이는 건 전적으로 자녀의 몫이다. AI는 자녀의 공부를 대신해 주는 기계가 아니다. 함께 배우고 성장해 가는 '거울'이자, 학습 여정을 설계하는 '보조 설계자'에 가깝다는 인식을 가져야 한다. 부모는 이 AI를 자녀의 성장 속도와 스타일에 맞춰 유연하게 조정하고, 효과적으로 이끌어 갈 수 있는 전문가로 거듭나야 한다. 기술만 활용하는 것이 아니라, 자녀와의 관계 안에서 AI가 자연스럽게 녹아드는 환경을 만드는 것이 진짜 AI 시대의 부모다.

AI와의 대화, 교육의 새로운 언어

AI 시대, 자녀의 학습에 AI를 활용하는 건 선택이 아니라 이미 시작된 교육의 흐름에 부모가 어떻게 대응하느냐의 문제다. 이미 학교와 사교육 현장에서는 AI 활용이 일상이 되었다. 교육부는 AI 디지털 교과서(AIDT)를 개발하여 도입하였고, 대형 사설 학원들은 AI를 활용해 내신과 수능 예상 문제, 모의고사, 논술 문제를 자동 생성하여 학생에게 제공하고 있다. EBS와 족보닷컴 같은 교육 플랫폼에서도 AI 기반 콘텐츠와 시험 대비 예상 문제를 제공하고 있다. 일부 논술 학원에서는 AI가 초안을 쓰고, 문장 구조를 분석하며, 첨삭 피드백까지 자동으로 처리한다. 서울시 교육청에서는 AI를 활용해 서술형 답안 평가 시스템을 도입했다. 학교 교사들 역시 학생부 작성이나 시험 문제 출제에 AI를 적극적으로 활용하며 업무 효율을 높이고 있는 상황이다.

부모의 역할이 더 이상 자녀의 공부를 옆에서 응원만 하는 수준에 머물 수 없다. AI와 함께 자녀의 학습을 설계하고 조율할 수 있는 능력이 필요해졌다. 다행히 AI는 기존의 컴퓨터 프로그램 같은 복잡한 기술을 새로 배울 필요가 없다. 이미지, 동영상, 음악을 생성하는 AI도 특별하고 전문적인 기술이 필요한 것이 아니라, 약간의 기초 지식과 그것들을 생각할 수 있고, 말할 수 있고, 글로 표현할 수 있으면 누구나 사용할 수 있다. 핵심은 AI가 최적의 답변을 생성할 수 있도록 어떻게 질문하느냐다. 인터넷 포털 사이트는 누가 '검색'을 하더라도 동일한 결과를 보여주지만, 생성형 AI는 사용자의 성향, 관심사, 말투, 입력 방식 등에 따라 동일한 '질문'을 해도 다른 결과를 생성한다. 그래서 처음 접하는 사람들은 AI가 기대만큼 똑똑하지 않고 쓸모없다고 느끼기도 한다. 하지만, 우리가 처음 만난 사람과 서로를 이해하고 알기까지 시간이 필요하듯, 사용자와 AI가 서로의 의도와 방식을 이해하며 조율해 나가는 '탐색의 시간'이 필요하다. 대화를 계속 이어가다 보면 점점 나의 언어 습관과 사고방식을 AI가 학습하게 되고, 나중에는 간단한 단어나 짧은 표현만으로도 원하는 답변을 얻을 수 있게 된다. 마치 오랜 친구와 눈빛만으로도 통하는 것과 비슷하다. 단순히 정보를 검색하는 도구가 아니라, 개인 맞춤형 교사처럼 활용하기 위해서는 'AI와 대화하는 법', 즉 프롬프트를 배우는 과정이 필요하다.

그러면, 프롬프트를 잘 구성하기 위한 좋은 방법이 있을까? AI로부터 좋은 결과물을 얻으려면 명확하고 구체적인 요청(prompting)을 해야 하고, 사용자의 규칙이나 스타일, 선호도를 AI가 알 수 있도록 잘 안내(setting)해야 한다.

첫째, '명확한 지시'를 내린다. 원하는 결과의 목적, 대상, 형식을 구체적으로 전달하고, 가능하면 목록 형식으로 정리하는 것이 좋다.

둘째, '예시'를 제공한다. 몇 가지 샘플을 함께 제시하면 AI가 사용자의 기대 수준을 더 정확히 이해하고 일관된 결과를 낼 수 있다.

셋째, '사고 사슬(CoT, Chain of Thought)' 기법을 사용한다. "차근차근 생각해 보자"라는 식의 단계를 나눠서 AI가 생각할 여유를 갖도록 한다.

넷째, '역할'을 부여한다. AI에게 먼저 수학 교사, 영어 교사, 진로 코치 등의 역할을 지정하면, 상황에 맞는 정보로 응답하게 된다.

다섯째, '환각(hallucination) 방지' 기법을 사용한다. AI는 때때로 실제 존재하지 않는 정보를 그럴듯하게 만들어 내기도 한다. 따라서 "모르면 모른다고 말해야 돼" 같은 제한적 문장을 미리 포함하거나, 출처를 요구하고 검증을 요청함으로써 신뢰도를 높일 수 있다.

AI는 이미 인간과 함께 고민하고 소통하는 존재로 진화했다. 그래서 AI를 어떻게 활용할 것인가를 넘어서,

어떤 관계를 맺고 어떻게 소통할 것인가를 고민해야 할 시점이다. 프롬프트 설계 능력은 자녀의 학습을 설계하고 조정하는 '부모의 힘'이 된다. 부모가 이런 능력을 갖추게 되면, 자녀가 AI를 통해 질문하고, 피드백을 분석하며, 개선 방향을 스스로 찾을 수 있도록 안내할 수 있게 된다. 부모와 AI가 협력하여 아이의 가능성을 함께 발굴하고 키워나가는 것이 AI 시대 교육의 진정한 본질이다.

참고문헌

노규성 외(2024). 《미디어 콘텐츠 AI 프롬프트 디자인》. 광문각.

박찬(2025.7.22). "앤트로픽, '프롬프트 엔지니어링' 가이드 공개… "챗봇은 똑똑하지만, 기억력이 없는 신입 사원"". AI타임스. https://www.aitimes.com/news/articleView.html?idxno=200813

이기호(2025). 《예측형 AI와 대학입시》. 커뮤니케이션북스.

이기호(2025.7.23). "'프롬프트 엔지니어링'에서 '프롬프트 디자인'으로: AI 세대, 교육의 새로운 방향을 말하다". 투데이신문. https://www.ntoday.co.kr/news/articleView.html?idxno=117731

정혁진(2025.7.20). "챗GPT한테 '이것' 물어보세요… 요즘 MZ는 AI한테 혼나고 있다". 위키트리. https://www.wikitree.co.kr/articles/1066041

Capps, R.(2025.6.17). A.I. Might Take Your Job. Here Are 22 New Ones It Could Give You. 《New York Times》. "AI가

가져올 새로운 일자리 22가지". 김수빈 옮김(2025.07.18). PADO.
https://www.pado.kr/article/2025071812468869034
Open AI. ChatGPT-5.

03
유치원생·초등학생을 위한 AI 활용

유아기 및 초등학교 시기에 AI를 어떻게 접하고 활용하는가는 이후 중·고교 시기의 학습 방식과 태도, 학습 성취에 많은 영향을 미친다.
AI는 놀이, 배움은 습관, 부모가 곁에서 묻고 답하며 성장의 씨앗을 심어준다.

인공지능과 편향?

유년기의 AI 활용

유아기는 두뇌가 급격히 발달하고, 학습 습관과 인지 능력의 기초가 형성되는 중요한 시기다. 아이는 인생에서 처음으로 '학습 과정'을 경험하며, 추상적인 개념보다는 눈으로 보고, 손으로 만지고, 귀로 듣는 감각적 자극에 민감하게 반응한다. 언어 또한 반복을 통해 자연스럽게 습득되며, 부모가 아이의 언어 수준을 고려해 간단한 문장과 반복적인 표현으로 소통할 때 언어 습득과 인지 발달이 원활히 이루어진다. 이 시기에 AI가 직접적인 학습 효과를 주기는 어렵지만, 문제는 아이가 AI를 의식하지 못한 채 자연스럽게 일상과 교육 속에서 접하게 된다는 점이다. 이미 스마트 스피커, AI 동화 앱, 학습 로봇, 챗봇 등이 유아의 생활 속에 깊이 들어와 있다. 아이는 그것이 무엇인지도 모른 채 사용하게 되고, 부모가 무관심하거나 방임적인 태도를 보이면 AI를 무비판적으로 받아들일 위험이 커진다. 프랑스의 철학자이자 신학자인 '자크 엘륄(Jacques Ellul)'이 《기술 혹은 시대의 쟁점(La Technique, ou l'enjeu du siècle)》에서 지적했듯이, 인간은 기술을 사용하는 것 같지만 실제로는 기술 시스템에 의해 사고와 행동이 결정된다. 이는 장차 AI가 아이의 사고와 선택을 통제하는 결과로 이어질 수도 있다. 따라서 부모는 AI가 어떤 기술인지 이해하고, 아이에게 어떤 영향을 미칠 수 있는지를 민감하게 살피면서 노출 빈도를 조절하고 활용 방향을 안내해야 한다.

또한 유치원 시기는 인지, 정서, 사회성, 언어, 창의성 등 전반적 발달의 기초가 형성되는 결정적 시기다. 이 시기의 아이들은 지식을 습득하는 동시에 세상을 탐색하고 스스로 사고하는 힘을 키운다. 언어와 수학, 사회적 기술의 기초를 자연스럽게 쌓아가는 시기이기도 하다. 따라서 학습보다는 '놀이' 기반 체험을 중심으로 감각을 자극하고 창의성을 발달시킬 수 있는 환경을 마련하는 것이 중요하다.

이 과정에서 AI는 감정 표현 게임, 언어 놀이, 그림을 그리고 이야기를 만드는 활동 등의 AI 놀이 학습으로 내 아이의 상상력을 자극하고 언어 · 감정 표현을 풍부하게 연결해 주는 것이 바람직하다. 중요한 것은 AI 활용의 목적이 조기 학습 성과에 있지 않다는 점이다. 글자를 빨리 익히거나 수를 잘 세는 능력을 앞당기는 것이 목표가 되어서는 안 된다. 물론 AI를 통해 초등학교 진학을 위한 선행 학습을 완벽하게 지원받을 수는 있지만, 자아가 충분히 형성되지 않은 시기에 지식 위주의 AI 학습은 인지 발달을 왜곡할 위험이 있다. AI의 즉각적인 답변에 익숙해지면 인내심이 약해져 스스로 탐구하고 실수하며 배우는 과정이 줄어들고, 호기심보다 정답을 맞혔을 때의 칭찬이나 점수 같은 외적 보상에 의존하게 된다. 또한 완성된 언어를 구사하는 AI와 미숙한 언어를 사용하는 유아 사이에는 소통 충돌이 발생할 수 있으며, 이는 아이가 표현 의욕을 잃게 만드는 요인이 된다. '장 피아제(Jean Piaget)'의 인지발달이론에 따르면, 유아는 전조작기(pre-operational stage)에 속해 구체적 경험을 바탕으로 사고하며 추상적 · 논리적 사고는 아직 어려운 시기다. 뇌과학적으로도 미성숙한 전두엽에 과도한 인지 부담을 주면 발달에 부정적 영향을 끼칠 수 있다. 게다가 AI는 아이의 세밀한 정서 변화나 실제 발달 수준을 충분히 감지하지 못하기 때문에 전적으로 의존해서는 안 된다. 따라서 부모는 아이가 어떤 활동에 흥미를 느끼는지, 어떤 표현을 자주 사용하는지를 세심하게 관찰하고, 그 결과를 바탕으로 적합한 AI 활동을 선택해야 한다. 또한 아이의 생활 습관이나 감정 상태와 연결된 프롬프트를 설계해 주는 과정이 필요하다. AI는 유년기 아이들에게 부모가 다해주기 어려운 새로운 자극과 가능성을 열어주는 좋은 도구임은 분명하지만, 그 중심에는 반드시 부모의 섬세한 관찰과 의미 있는 개입이 함께 있어야만 한다.

소년기의 AI 활용

초등학생 시기는 학습 습관을 형성하고 기초 학력을 다지는 시기다. 이 시기의 아이들은 구체적인 학습 목표를 세우고, 평가를 통해 성취감을 경험하며, 자기 주도적인 학습 능력을 조금씩 키워 나간다. 하지만 저학년 아이들에게는 여전히 놀이와 학습의 경계가 분명하지 않기 때문에 학습 도구 역시 재미있고 흥미를 끌 수 있어야 한다. 이미 교육 시장에는 AI 챗봇과 대화하며 영어 문장을 익히거나 수학 퍼즐 게임을 통해 문제 해결력을 키우고, 미술 · 음악을 연계한 창의적 콘텐츠를 제공하는 다양한 앱과 프로그램들이 주목받고 있다.

AI 기반의 게임형 인터페이스와 직관적인 학습 방식은 아이들이 자연스럽게 몰입할 수 있도록 한다. AI는 특히 반복 학습과 개념 정리에 강점을 보인다. 초등 학습은 '기억→이해→활용→기억'이라는 순환 구조로 이루어지며, AI는 같은 개념을 다양한 방식으로 제시하거나 반복해서 틀리는 내용을 집중 보완하는 방식으로 학습 밀도를 높여준다. AI 그림 생성 도구를 활용해 아이가 상상한 이야기를 시각화하거나, 동화를 듣고 등장인물의 성격을 분석해 보는 활동은 언어 능력과 사고력을 동시에 확장시킬 수 있다. 영어 학습에서는 발음 인식과 음성 피드백 기능이 유용하며, 수학에서는 게임처럼 문제를 풀며 실력을 쌓을 수 있는 AI 퀴즈 앱이 이미 널리 활용되고 있다.

또한 창의력 발달을 위해 스토리텔링 생성형 AI는 큰 가능성을 보여 준다. 아이가 "호랑이와 토끼가 우주여행을 갔어"라고 말하면, AI는 이를 바탕으로 동화를 생성하고 그림까지 보여 준다. 아이는 자신의 상상이 실시간으로 구현되는 과정을 통해 질문하고, 내용을 추가하며 상상력과 논리적 사고를 함께 확장하게 된다. 이런 상호작용은 단순한 콘텐츠 소비가 아니라, 새로운 지식을 '창조하는 경험'으로 이어진다. 그래서 초등 시절의 AI 활용은 선행 학습을 위한 것만이 아니라, 사고 훈련의 과정을 내포한다. 아이가 AI와 함께 질문하고, 상상하고, 실수하고 다시 시도하는 과정을 거치며 AI 활용 방법을 연습하고, 이 과정에서 AI 학습의 주도적 태도를 형성한다. 그리고 이 모든 과정은 결국 '습관의 힘'으로 자리 잡게 된다.

하지만, 소년기 학습에서 자주 간과되는 부분 중 하나는 질문하는 습관이다. 생성형 AI와의 상호작용은 아이에게 무한한 질문의 기회를 제공해 준다. 아이는 "왜?", "어떻게?", "다른 방법은 없어?" 같은 질문을 AI에게 던지며 탐구적 사고를 키울 수 있다. 부모는 답을 대신하거나 질문을 억제하기보다, 질문을 확장하도록 돕는 역할을 해야 한다. 예를 들어, "다르게 질문해 볼까?", "어떻게 물어야 원하는 답을 얻을 수 있을까?"와 같이 유도하면, 아이는 AI의 답변을 단순히 받아들이는 데서 나아가 질문을 통해 학습을 설계하는 능력을 기르게 된다.

무엇보다 중요한 점은 부모의 동행이다. 부모들은 AI를 단순히 자녀를 맡기는 도구, 일종의 '스마트폰 육아'로 접근해서는 안 된다. 초등학생은 아직 어떤 AI 도구를 어떤 방식으로 얼마만큼 사용할지에 대한 통제력이 없다. 따라서 학습이 어떻게 진행되고 있는지를 부모가 함께 설계하고 관리해야만 한다. 아이 혼자 이어폰을 끼고 기기하고만 소통하도록 두는 것이 아니라, AI 화면을 함께 보며 대화를 나누고, 생각을 공유하며, AI와 인간이 협력하는 이상적인 학습 모델을 실현시켜 주는 것이 AI 학습의 핵심이다.

하루 30분, AI 챗봇과 함께하는 재미있는 공부

유치원과 초등 시기의 AI 학습은 놀이 기반 학습 방식인 '게이미피케이션(gamification)'으로 진행되는 것이 효과적이다. 아이들은 배우고 있다는 사실조차 인식하지 못한 채 놀이와 학습의 경계를 허물며 몰입하게 되고, 매일 30분씩 AI와 퀴즈를 풀고, 잠자기 전 AI로 이야기 만들기를 하는 등의 반복적인 일상의 학습 경험은 공부를 재미있는 일로 인식하게 함으로써 평생 학습력의 기반이 된다. 특히 이 시기의 경험은 이후 초·중·고는 물론 대학과 평생학습에도 깊은 영향을 준다. 따라서 초등 교육은 짧고 반복적인 학습이 가장 효과적이며, '반복'과 '일관성'이 학습 습관 형성의 핵심이다. 하루 30분 정도의 AI 학습만으로도 즐거운 반복 경험이 쌓여 자발적인 학습 태도가 자리 잡을 수 있다.

이러한 흐름 속에서 교육 현장에서는 AI 기반 학습 도구와 놀이형 콘텐츠를 적극적으로 도입하고 있으며, 메타버스 플랫폼이나 모바일 게임을 활용한 융합형 학습도 주목받고 있다. 부모 역시 이런 변화를 이해하고 자녀에게 맞는 학습 환경을 함께 설계해야 한다. 다만 현실적으로 부모들이 복잡한 프로그래밍을 새로 배우기는 쉽지 않지만, 생성형 AI를 활용하면 간단한 교육용 퀴즈나 단어 맞추기, 수학 퍼즐 같은 미니 게임을 손쉽게 제작할 수 있다. 더 나아가 로블록스 같은 플랫폼을 활용해 자녀가 좋아하는 캐릭터와 주제를 반영한 맞춤형 학습 게임을 제공하면, 학습의 몰입도와 반복 참여를 자연스럽게 끌어낼 수 있다.

유소년을 위한 학습용 챗봇 제작

ChatGPT의 맞춤형 GPT 기능을 활용하면 복잡한 코딩 지식 없이 노코드(no-code) 방식으로 자녀의 학습 성향과 수준에 맞춘 과목별 학습용 AI 챗봇을 30분 만에 직접 제작할 수 있다. 가장 먼저 필요한 것은 ChatGPT Plus 유료 계정($20/월)으로 로그인해야 한다. 그다음 제작 방법은 매우 간단하다.

1. ChatGPT 접속 후 화면 상단의 'GPTs'를 클릭하고, 'Create a GPT' 버튼을 클릭한다.
2. 챗봇의 성격과 기능을 대화 형식으로 설정한다.
- 예: "초등학생을 위한 수학 학습 도우미를 만들고 싶어. 친근하고 격려를 잘하며, 어려운 문제는 단계별로 설명해 주는 챗봇이야."
3. 세부 지침을 입력해 완성도를 높인다.
- 이름: "수학이와 함께 해요."
- 설명: "초등학생을 위한 친근한 수학 학습 도우미."
- 대화 방식: 존댓말, 이모티콘 활용, 단계별 설명 제공.
4. 완성 후에는 테스트를 거쳐 필요한 부분을 보완하고, 설정을 수정하면 된다.
5. 최종적으로 나온 GPT의 공유 링크를 자녀에게 전달하면,

아이 전용 맞춤형 학습 챗봇이 완성된다.

제작 시 AI 챗봇의 성격도 설정할 수 있다. 예를 들면, "너는 초등학생의 공부를 도와주는 친근한 선생님이야. 항상 존댓말로 대화해. 틀려도 절대 혼내지 말고 격려해. 어려운 단어는 쉽게 풀어서 설명해. 이모티콘을 사용해서 재미있게 대화해. 문제를 한 번에 다 알려주지 말고 힌트를 줘서 스스로 생각하도록 단계적으로 해."

이러한 방식으로 과목별로 챗봇의 역할을 조금씩 달리할 수도 있다. 수학 챗봇은 단계별 문제 풀이, 그림이나 예시 활용, 계산 과정 점검. 국어 챗봇은 어휘 설명, 문장 만들기 도움, 읽기 이해 점검. 영어 챗봇은 발음 교정, 단어 게임, 간단한 회화 연습에 맞게 지침을 설정해주면 된다.

무엇보다 아이가 AI 챗봇을 안전하게 사용하도록 습관을 심어주는 것이 필요하다. 그래서 부모가 해야 할 일은

· 정기적으로 대화 내용을 확인하여 학습 방향을 점검한다.

· 하루 사용 시간을 30분 정도로 제한해 과도한 의존을 막는다.

· 부적절한 질문이나 답변이 나왔을 때 대처법을 미리 알려준다.

그리고 자녀에게 다음과 같은 간단한 사용 규칙을 알려주는 것이 좋다.

· 공부와 관련된 질문만 하기.
· 이름, 학교, 주소 같은 개인정보 말하지 않기.
· 이상한 답변을 받으면 반드시 부모님께 알리기.
· 챗봇보다 부모님과 선생님이 더 중요하다는 것 기억하기.

이와 같이 ChatGPT만으로도 30분 정도면 충분히 유용한 학습 도우미를 제작할 수 있다. 성공적인 AI 학습 도구는 완벽하게 시작하는 것보다 간단히 시작해 자녀와 함께 만들고, 꾸준히 개선하며, 다른 부모와 공유하는 과정 속에서 우리 아이에게 꼭 맞는 맞춤형 도구를 완성하는 것이다.

부모는 AI 도구를 현명하게 활용해 아이의 학습 환경을 전략적으로 설계해야 한다. 그리고 자녀에게 일상 속에서 작은 성공과 성취의 경험을 반복적으로 만들어 줄 때, 그 습관은 미래의 학습력을 결정짓는 씨앗이 된다.

AI는 그 씨앗을 튼튼하게 키워 주는 든든한 도구가 될 뿐이다.

참고문헌

송지성·이성애(2012). "인지발달적 상호작용이 유아 디자인교육에 미치는 영향: 피아제(Jean Piaget)와 비고츠키(Lev S. Vygotsky)의 인지발달이론을 중심으로". 《한국디자인문화학회지》, 18(3), 215~227쪽.

이상민(2019). "자크 엘륄의 기술 사상과 그 사상에 대한 평가". 《신앙과 학문》, 24(1), 5~58쪽.

키즈모드. https://www.samsung.com/sec/apps/kids-mode/

토도(TODO). https://todoschool.com/kr/english

Ellul, J.(1954). *La Technique ou l'Enjeu du siècle*. 박광덕 옮김(1996). 《기술의 역사》. 한울.

Open AI. ChatGPT-5.

04
중학생을 위한 AI 학습 전략

사춘기 중학생에겐 공감 · 동행이 먼저다. AI는 스승도, 부모도 누군가의 대체도 아니다. 대화를 잇는 매개체다. 감정 일기 · 음성 대화로 마음을 열어야 한다. 중요한 것은 부모의 동반 관리와 아이의 자기 주도 강화다. 부모의 자리를 AI에게 내주지 마라.

청각장애인과 AI?

AI로 자녀 사춘기 극복하기

중학생은 사춘기를 겪으며 감정 기복이 심하고, 부모와의 직접적인 대화를 꺼리는 시기이기도 하다. 중2병이라고도 하며 이 시기를 어떻게 보냈느냐에 따라 인생과 미래가 달라질 수 있는 매우 중요한 시기다. 사춘기는 자녀의 자아 정체성이 형성되는 시기로, 모든 면에서 상당히 도전적이다. 부모의 말 한마디에도 예민하게 반응하고, 자신만의 생각과 감정을 지키려는 욕구가 강하다. 특히 한국 가정에서는 여전히 지시와 평가 중심의 대화가 많아, 사춘기 자녀는 부모의 언어를 간섭으로 받아들이고, 자신의 감정이나 생활 리듬을 이해하지 못한다고 느낀다. 이때 자칫 학습에 대한 동기와 태도가 쉽게 무너질 수 있기 때문에 부모가 감정을 잘 조절하며 아주 섬세하고 전략적으로 다가설 필요가 있다.

AI는 부모와 자녀의 대화를 이어주는 새로운 매개체가 될 수 있다. 자녀에게 나만의 AI 일기장을 만들어 주고 '감정 일기'를 쓰도록 하고, 내용 분석을 통해 자녀의 기분 변화와 스트레스 정도를 파악할 수 있다. 그 결과를 참고해 대화를 시작하면 자녀의 방어심을 낮추고 자연스럽게 소통의 문을 열 수 있다. 실제로 일부 중학생들은 AI와 음성 대화를 나누며 "내 마음을 알아줘서 좋다", "친구에게 못 하는 얘기를 AI에게는 할 수 있다"고 말하기도 한다. 마치 AI와 사랑에 빠진다는 내용을 담은 영화 〈허(Her)〉를 연상시킨다.

그러나 중요한 점은 AI가 부모를 대신해서는 안 된다는 것이다. AI는 어디까지나 부모와 자녀의 대화를 촉진하는 징검다리 역할에 머물러야 한다. 부모는 자녀가 어떤 AI를 어떻게 쓰는지 자연스럽게 묻고, 함께 프롬프트를 디자인하거나 학습 경험을 나누는 방식으로 대화를 이어가야 한다. "요즘 Gemini 잘 쓰던데, 어떤 문제가 제일 도움 됐어?"라고 물어보며 대화를 시작하면, 부모가 자녀의 관심과 학습 태도를 이해하고 있다는 동질감을 심어 주게 되며, 동시에 자녀의 학습 태도와 흥미를 파악할 수 있다.

결국 부모가 ChatGPT, Gemini, Perplexity, Clova X, Notion AI 같은 주요 생성형 AI의 기본 기능을 이해하고 있다면, 자녀와 AI를 매개로 공감과 협력의 대화를 나눌 수 있다. 이는 신뢰를 쌓고 변화하는 시대 속에서 함께 성장하는 가족 문화를 만드는 출발점이 된다. AI는 기술 활용을 넘어, 인류의 난제 중 하나인 자녀의 '사춘기 문제'를 가족이 함께 건너는 새로운 소통의 감각이 될 수 있다.

중학생의 AI 학습 플랜

중학생 시기는 학습의 양과 깊이가 본격적으로 늘어나며, 진로 탐색이 시작된다. 이 시기의 학습은 지식 습득은 물론, 자기 주도 학습 능력의 형성과 사고력, 문제 해결력, 그리고 성취 동기를 기르는 것이 핵심이다. 특히 영재고나 과학고, 외고, 자사고 진학을 염두에 두고 있다면, 전략적으로 학습 기반을 구축해야 하는 시점이다. 따라서 AI 시대의 중학생 교육은 새로운 사고와 새로운 전략을 요구한다.

첫째, 드디어 중간고사, 기말고사, 전국 모의고사, 수행 평가 등 다양한 평가가 시작된다. 현재 생성형 AI는 지정된 범위 내에서 시험 문제를 자동 생성하고, 예상 출제 경향을 분석해 주며, 실시간으로 오답 노트를 정리해 주는 수준에 이르렀다. "중2 과학 중간고사 예상 문제 20문제 만들어 줘. 난이도는 중상으로 해 줘"라고 입력하면 AI가 문제와 해설을 자동 생성하고, 평가 결과를 분석해 준다. AI는 이 평가 데이터를 기반으로 자녀의 국어, 영어, 수학의 각 과목별, 영역별 성취도를 분석하여 현재 학습 수준을 진단할 수 있다. 학부모는 분석 리포트를 통해 자녀의 현재 수준을 초기부터 객관적으로 파악하고, 어떤 과목에 시간을 더 투자해야 하는지 알 수 있다.

둘째, AI 기반 플래너를 활용하여 자녀의 시험 일정과 과제 마감일을 자동으로 정리해 주고, 해당 일자까지 필요한 학습량을 역산하여 일별, 주별 학습 일정을 계획할 수 있다. ChatGPT나 노션(Notion) AI 같은 툴(tool)은 "3주 뒤 중간고사를 대비한 수학 학습 일정 짜 줘. 함수 단원이 약점이고, 하루 2시간만 공부 가능해"라는 프롬프트에 따라 구체적인 학습 계획을 자동 생성할 수 있다. 이 일정은 집중력을 유지할 수 있는 시간 단위의 분할, 주말과 평일의 시간 활용 방식, 학습-복습-테스트의 비율까지 고려한 계획을 제공한다.

셋째, 서술형 수행 평가와 발표 과제에서도 AI는 학생의 글쓰기와 말하기 역량을 보완해 준다. 학생이 작성한 글을 AI에게 피드백 요청하면 문법, 구조, 표현의 적절성 등을 즉시 분석해 주고, 더 나은 표현을 제안해 준다. 발표 준비 시에도 AI는 발표 대본을 작성해 주거나, PPT 초안을 제작해 준다. 예상 질문을 생성해 모의 발표 연습도 해 볼 수 있다.

특히, 영재고나 과학고 진학을 목표로 하는 학생들에게 AI는 더욱 전략적인 역할을 수행시킬 수 있다. 이 학교들의 학생 선발 기준은 시험 성적, 문제 해결 능력, 창의적 사고력, 논리적 글쓰기 등을 종합적으로 평가한다.

AI는 수학과 과학 분야에서 복잡한 논리 개념을 시각화하거나, 실험 보고서 작성, 탐구 활동 주제 구성 등을 도와주는 데 큰 역할을 할 수 있다. 주요 과목의 개념 이해도, 문제 풀이 속도, 반복 오류 패턴 등을 기반으로 학습 상태를 진단하고 복습 계획을 제안함으로써 자녀가 '무엇을', '어떻게' 공부해야 할지를 명확히 알 수 있게 해 준다. 또한 특정 과학 주제에 대한 배경 지식을 빠르게 정리하고, 실생활과 연계한 탐구 주제를 추천해 준다. "생명과학 주제로 환경 호르몬의 영향을 탐구하고 싶은데, 실험 아이디어 줄 수 있어?"라는 질문에 AI는 실험 조건, 변수 설계, 보고서 틀까지 구체적으로 안내해 준다.

주요 교과목 AI 활용법

중학생 시기의 학습은 고등학교 공부와 대입 전략의 핵심 기반을 다지는 과정이다. 특히 국어 · 영어 · 수학은 선행 학습이 강조될 만큼 중요한 과목으로, 일부 학생들은 이미 고등학교 과정을 미리 공부하기도 한다. 물론 혼자서도 잘 해내는 학생이 있는 반면, 학원과 과외 등 사교육에 의존해도 성과가 나지 않아 학생이나 부모의 고민은 깊어져만 가고 해결의 실마리는 찾기 어렵다. 이럴 때 AI는 새로운 출구가 될 수 있다. 부모에게는 '언제든 상담할 수 있는 학습 컨설턴트', 자녀에게는 '개인 과외 교사'와 같은 역할을 해 주기 때문이다. 자녀의 공부 패턴이 궁금할 때, 열심히 하는데 성적이 오르지 않을 때, 공부 의욕이 떨어질 때, 학원비 부담이 클 때, 개인 과외가 필요하다고 느낄 때, 혼자 공부하다가 막히는 부분이 있을 때, 학교나 학원의 강의 내용이 이해되지 않을 때, 시험 문제를 예측하고 오답을 분석해야 할 때 등 AI는 대부분의 상황에서 거부 없이 다양한 방식으로 설명하고 반복하며, 부모는 이를 실시간으로 확인하고 학습 과정을 조율할 수 있다.

과목별로 활용 방식을 살펴보면 먼저 국어는 독해력과 문해력 향상이 핵심이다. ChatGPT 같은 생성형 AI는 지문의 구조를 분석하고 핵심 문장을 정리해 주며, 문학 작품에서는 인물의 심리나 갈등을 분석해 비판적 사고를 키워 준다. 문법 개념 역시 프롬프트를 활용하면 항목별 정리와 예시가 함께 제공되어 이해와 적용이 동시에 가능하다. 특히 비문학 지문에서는 요약과 논리 구조 시각화 기능을 통해 학습 효율을 높일 수 있다.

영어는 AI의 강점이 가장 두드러지는 분야다. 원어 기반 AI 플랫폼의 특성 덕분에 발음, 회화, 듣기 훈련에 효과적이다. '스픽(Speak)'이나 '링고라(Lingora)' 같은 음성 인식 기반 AI 튜터는 발음을 실시간 교정하고 롤플레잉(roll playing) · 프리 토킹(free talking) 연습을 지원해 전문 과외 선생님처럼 코칭해 준다. ChatGPT에 EBS 영어 교재 예문을 입력해 문맥 분석이나 어휘 · 문법 점검을 받는 것도 가능하다.

수학은 개념 누락이 곧 전체 성적 하락으로 이어지기 때문에 AI 활용 효과가 크다. AI는 오답 패턴을 분석해 부족한 부분을 진단하고, 단계별 풀이 과정을 제시해 수학적 사고 과정을 훈련하도록 한다. 예를 들어 "중2 이차 방정식 핵심 개념과 문제 유형을 추천해 줘"라고 요청하면 개념 정리부터 문제 풀이까지 연결해 줌으로써 학습의 빈틈을 보완할 수 있다.

조금 더 고급의 학습용 챗봇을 만들고 싶다면 챗베이스(Chatbase)를 활용하는 방법이 있다. 중학교 3학년 수학 교과서를 기반으로 맞춤형 챗봇을 제작한다고 가정하면, 자녀가 필요할 때마다 교과서 속 개념을 질문하고 설명을 들을 수 있는 '개인 과외 선생님' 같은 나만의 도구를 가질 수 있다.

먼저 준비물은 두 가지다. 중3 수학 교과서 PDF 파일과 Chatbase 계정이다. 무료 계정으로 시작할 수 있으며, 제작 과정은 간단하다.

1. Chatbase.co에 접속해 회원 가입을 한다.
2. 'Upload Files' 메뉴에서 중3 수학 교과서 PDF 파일을 업로드한다.
3. 챗봇의 성격과 역할을 설정한다. 이름은 '수학 공부 친구봇'으로 하고, 성격은 친근하면서도 1타 강사처럼 명확하게 설명해 주는 톤으로 설정한다. 응답 방식은 중학생 수준에 맞춰 단계별로 차근차근 설명하도록 하고, 학습 의욕을 높일 수 있도록 격려 메시지를 자주 포함하는 것이 좋다.

설정을 마치면 챗봇이 교과서 내용을 학습해 학생이 입력하는 질문에 바로 답할 수 있는 시스템이 완성된다. 제작 시간은 약 1시간 정도 소요가 된다. 마지막으로 웹사이트 링크를 생성해 자녀에게 공유하면, 자녀는 언제든 접속해 수학 공부를 도와주는 전용 1타 강사 챗봇을 활용할 수 있다.

AI 기반 모의고사

중학생에게 중간고사와 기말고사는 내신 성적을 결정하고 고등학교 진학 준비의 중요한 지표가 된다. 이 시기에는 문제 유형에 익숙해지고, 제한된 시간 안에 정확하게 문제를 해결하는 연습이 필수다.

AI 기반 모의고사는 실전 대비는 물론 학습자 맞춤 분석과 학습 전략 수립도 가능하다. 이미 출시된 AI 기반 학습 서비스들은 교과 개정 내용과 학교별 진도에 따른 시험 경향을 반영해 맞춤형 모의고사를 제공한다. EBS, 족보닷컴 등은 특정 학교나 지역의 기출 문제를 분석해 유사 문제를 생성하고, 정답률 · 풀이 시간 · 오답 패턴을 바탕으로 취약 단원을 파악해 복습 계획을 제시한다. 이런 AI 모의고사의 핵심은 '맞춤형 출제'다. 특정 과목, 단원, 난이도, 문제 수, 제한 시간까지 입력하면 실전형 문제지를 자동으로 구성해 준다. 예를 들어 "중2 수학 중간고사 도형 단원, 중상 난이도 문제 10개, 제한 시간 20분"이라고 프롬프트를 입력하면 실제 시험 출제와 유사하게 문제지가 완성된다. 여기에 2~3년 치 기출 문제를 등록해 예상 문제를 만들면, 출제 경향까지 반영한 훈련이 가능하다.

무엇보다 AI 모의고사는 반복할수록 정밀해진다. 매 시험 전, 동일한 조건으로 테스트하고 결과를 누적 비교하면, 실력 향상 추이와 약점 개선 정도를 객관적으로 확인할 수 있다. D-10부터는 매일 한 과목씩 실전형 모의고사를 실시하고, D-5부터는 약점 보완 중심의 문제 풀이로 전환하는 학습 일정을 설계할 수 있다.

AI 활용은 단순한 편의가 아니라 학습 전략의 핵심 무기로써, 학습 진단 · 계획 · 실행 · 피드백까지 아우르는 '맞춤형 학습 생태계'를 만들어 갈 수 있게 된다. 부모는 자녀에게 AI 구독료만 내 주고 혼자 알아서 사용하게 두지 말고 기능들을 적극적으로 활용하면, 불필요한 사교육 비용을 줄이면서도 자녀의 학습 효율과 성취도를 높일 수 있는 좋은 방법이 된다. 다만, AI는 단순히 문제를 풀어주는 도구가 아님을 명심해야 한다. 중학생은 아직 자기 시간 관리나 계획 수립 능력이 부족한 경우가 많고, 정기 평가 등의 중요한 일정 등에 대한 대비를 해야 하는 만큼, 부모는 과목별로 어떤 AI 도구가 내 아들과 딸에게 적합한지 판단할 수 있도록 다양한 AI를 실제 사용해 보고 아이에게 추천해 주는 것이 바람직하다. 실제 사용이 여의치 않다면, 내 아이의 성향에 적합한 AI를 AI에게 추천받는 것도 방법이다. AI 학습 플래너와 My Chat 등을 활용해 최적의 계획표 생성과 개인 교사를 활용할 수 있도록 부모가 옆에서 함께 전략을 수립해 주는 것이 좋다. AI를 잘 활용하는 가정은 자녀의 성장을 가속화－반대 의견도 매우 강하게 존재하지만－시키고, 변화하는 입시 환경에서도 유연하게 대응할 힘을 갖추게 될 것으로 전망한다.

참고문헌

KeyForce(2025). “ChatGPT와 함께하는 감정일기: AI로 기록하는 나의 하루”. 슬기로운 AI 생활. https://dkfkd73.tistory.com/entry/ChatGPT%EC%99%80-%ED%95%A8%EA%BB%98%ED%95%98%EB%8A%94-%EA%B0%90%EC%A0%95%EC%9D%BC%EA%B8%B0-AI%EB%A1%9C-%EA%B8%B0%EB%A1%9D%ED%95%98%EB%8A%94-%EB%82%98%EC%9D%98-%ED%95%98%EB%A3%A8

Platum(2024.12.17). “튜터링, AI 결합 외국어 학습 플랫폼 ‘링고라’로 변신”. https://platum.kr/archives/247598

Open AI(n.d.). ChatGPT-5.

05
고등학생 내신 대비 AI 활용

고교 내신은 입시 결과를 좌우한다. 전략은 교과서 중심 학습에 AI를 얹는 것. 혼자서는 학습 성과를 제대로 낼 수 없는 현실이다. 그렇다고 모든 과목에 과외 교사를 붙일 수도 없다. 인생의 전투에 승리하기 위해 전략은 필수. 병사가 작전 짜고 전투하고 물자 수송까지 감당할 수 없다. 전투에만 집중하도록 부모는 든든한 베이스캠프가 되어야 한다. AI는 이를 감당하기 위한 부모만의 'T'.

AI 콘텐츠 크리에이터?

내신 대비, 나만의 1타 AI로 전략적 관리

고등학생의 내신 성적은 중학생 때와는 비교할 수 없을 만큼 대학 입시의 중요한 평가 기준이다. 대학 입시에서 학생부 전형의 비중이 점점 커지고 있는 만큼, 고교 내신은 미래를 바꿀 수도 있는 결정적 지표로 작용한다. 특히 3학년 1학기까지의 성적이 누적 반영되는 구조 속에서, 학생들은 매 시험이 곧 입시 결과로 직결된다는 부담을 안고 생활한다. 단 한 번의 실수로 지원 대학교의 지역이 달라질 수 있기 때문에, 고등학교에 진학하는 순간부터 전략적이고 체계적인 시험 전략이 필수다.

내신 대비의 기본 원칙은 무엇보다 교과서 중심 학습이다. 모든 학교 시험은 수업 시간에 배운 교과 내용을 바탕으로 출제되므로, 교과서를 정확히 이해하고 반복 학습하는 것이 성적 향상의 핵심이다. 그러나 중학교 때보다 확연히 어려워진 교과 내용을 혼자서 체계적으로 학습하는 일은 상당한 시간과 노력이 요구된다. 여기에 숙제, 수행 평가, 선행 학습, 학원 숙제, 각종 시험 준비까지 더해지면 학생에게는 시간이 턱없이 부족해지며, 혼자서는 원활한 처리가 절대 불가능하다.

AI의 핵심 요약 기능과 맞춤형 자료 제공 능력은 교과서의 핵심 개념을 정리하고, 복잡한 문단을 간결하게 요약해 학습 시간을 단축시킨다. 또한 학생의 학업 수준에 맞춰 추가적인 설명이나 배경 지식을 제공받기 때문에, 단순한 암기를 넘어 개념 이해와 확장 학습이 가능하다. 과목별 My ChatGPT로 "~과목 ~단원의 핵심 개념을 표로 정리해 줘"라고 요청하여 교과서의 해당 내용을 일목요연하게 정리한 자료를 만든다. 또 "최근 수능에서 자주 출제된 ~문제 유형을 알려 줘"라고 물음으로써 과목별로 최근 수능 및 전국 연합 학력 평가, 내신 기출 문제에서 빈도 높게 출제된 주제와 문제 유형을 정리하여 나만의 학습 자료로 활용할 수 있다.

학생 개개인의 학습 성향과 수준에 맞춘 큐레이션(curation) 기능도 수행한다. 어떤 학생에게는 기본 개념 복습이, 또 다른 학생에게는 심화 문제 풀이가 필요하다. AI는 오답 패턴과 학습 기록을 분석해 부족한 부분을 보완하도록 맞춤형 학습 과정을 제시할 수 있다. 그야말로 과목별로 '대치동 1타 강사'를 개인 과외 교사로 둔 셈이다. AI는 효율적인 '시간 관리자'이자 개인 맞춤형 '학습 전략가' 역할을 하기 때문에 학생은 오로지 학습에만 전념할 수 있다. 부모는 자녀가 무작정 책상에 앉아 문제만 풀도록 몰아세우기보다, AI를 활용해 교과서 학습을 보완하고 효율적인 학습 전략을 세울 수 있도록 동행해야 한다.

내신 성적은 대학 입시와 직결되기 때문에 단순한 개념 이해를 넘어 반복적인 문제 풀이 훈련이 반드시 필요하다. AI는 학습자가 어려움을 느끼는 교과서 내용을 단원별로 요약한 뒤, 이를 퀴즈나 개념 카드 형태로 재구성하면 효율적인 반복 학습이 가능하다. 예를 들어, "고2 생명과학 I 세포 호흡 단원의 핵심 개념을 10개의 문제로 만들어 줘"라고 요청하면, 단원 요약과 동시에 간단한 확인 퀴즈까지 제작된다. 이렇게 만든 자료는 퀴즐렛(Quizlet) 같은 플랫폼에 업로드하면 플래시 카드(flash card) 학습으로 변환되어, 등하교 시 또는 학원으로 이동 중에도 반복 복습이 가능하다.

또한 학생이 직접 원하는 형태의 맞춘 문제집 제작도 가능하다. 예컨대 "고1 국어 교과서 2단원 기반 서술형 문제 5문제를 만들어 줘. 예상 답안과 해설도 함께 작성해 줘", "고2 수학 확률과 통계 단원에서 자주 출제되는 고난도 문제 7개와 풀이 과정"이라는 프롬프트를 통해 실제 내신 시험에 바로 적용할 수 있는 문제와 해설을 확보할 수 있다. 이와 같은 요청을 하면 실제 시험에 적용할 수 있는 나만의 문제집과 모범 답안을 얻게 된다.

학습 일정과 문제 제작은 부모와 자녀가 함께 설계하

는 것이 효과적이다. 'Google 스프레드시트'와 ChatGPT 플러그인을 연동하면 "고2 국어 내신 중간고사까지 4주 남음. 교과서 단원별 계획 세워 줘"와 같은 요청으로 단원별 학습 일정, 복습 주기, 예상 문제 풀이 계획까지 자동 생성할 수 있다. 많이 사용하는 플랫폼에 대한 기능별 장점을 보면, '퀴즐렛'이나 '클래스팅 AI(Classting AI)'는 플래시 카드와 퀴즈 게임 기능을 제공하여, 사회 과목 개념 정리나 영어 단어 암기에 큰 효과를 발휘할 수 있다. 모바일 앱을 통해 이동 중에도 학습을 이어갈 수 있어 학습 효율성이 높다. '족보닷컴'의 AI 문제 큐레이션 기능이나 'EBS AI 클래스'의 문제 추천 서비스는 학습자의 성취도와 약점을 바탕으로 개인 문제집을 제작해 주는데, 난이도와 유형까지 설정해 출력하면 실제 문제집으로 활용할 수 있다.

다만 재학 중인 학교마다 사용하는 교재와 진도가 다르고, 교사마다 시험의 난이도와 출제 방식이 뚜렷하게 다르다. 특히 새로 부임한 젊은 교사는 기존 교사보다 문제를 까다롭게 출제하는 경향이 있다는 조사 결과도 있다. 따라서 학부모는 반드시 자녀의 학교명, 학년, 과목, 담당 교사 정보 등의 정보와 함께 기출 문제를 AI 챗봇에 입력하고, 이를 토대로 출제 경향에 가까운 예상 문제와 추천 콘텐츠를 필터링해 학습 계획에 반영해 줄 필요가 있다.

AI 파트너, 수행 평가 활용

고등학교에서 과목별 수행 평가는 내신 관리에서 결코 가볍게 여길 수 없다. 수행 평가 결과는 성적뿐만 아니라 학생부 세부 특기 사항에도 기록되기 때문에 교과 전형과 종합 전형 모두에서 입시 결과를 바꿀 수 있는 무시 못 할 영역이다. 하지만 현실에서는 시험 점수에만 집중하다가 수행 평가를 소홀히 하거나, 반대로 수행 평가에 지나치게 많은 시간을 쏟아 시험 준비가 부족해지는 경우가 자주 발생한다. 결국 줄어드는 것은 잠뿐이다. 따라서 두 영역을 균형 있게 병행하는 것이 고교 내신 관리의 핵심이다.

더욱이 교육부는 2025학년도 2학기부터는 수행 평가 운영을 반드시 수업 시간 내에만 실시하도록 원칙을 발표했다. 학생들의 학습 부담을 줄이고 평가의 실효성을 높이려는 정책 변화지만, 이제 오롯이 학생 혼자만의 힘으로 제한된 시간 내에 과제를 해결해야 하는 심적 부담은 오히려 늘어났다. 어찌 됐든, 이제 수행 평가에서 학생이 갖추어야 할 가장 중요한 역량은 바로 '글쓰기 능력'

이다. 독해력은 물론이고 내 생각을 글로 잘 풀어내는 능력이 필요하다. 이제는 암기력보다 사고력, 표현력, 창의력이 매우 중요해졌다.

이러한 변화는 오히려 AI의 활용도를 더욱 높이게 될 것이다. AI는 전보다 더 한정된 시간 안에 끝내야 하는 수행 평가 준비와 진행 과정에서 매우 효과적으로 활용될 수 있다. AI는 주제에 맞는 쟁점과 관점을 빠르게 배열하고, 주장-근거-반박 구조를 틀로 제시해 준다. 개념 간 연결 관계를 정리한 개요, 근거 목록, 반론과 재반박 등을 빈틈없이 잡아주기 때문에 학생은 산만한 생각을 '논증'으로 묶는 데 시간을 아낄 수 있다. 같은 내용을 더 짧고 명료하게 바꾸는 작업도 매우 용이하다. 장황한 문장을 분할하고, 모호한 표현을 정의로 바꾸고, 용어를 고등학생 수준으로 맞추는 식의 스타일 코칭은 짧은 수업 시간 안에 완성도를 끌어올리는 데 결정적이다. 또한 떠오르는 키워드 몇 개만으로도 유사·대조 사례, 다른 학문 관점, 비유와 시각 자료 아이디어를 제안해 주기 때문에, '새로운 관점 찾기'와 '차별화된 전개'를 짧은 시간에 시도하게 해 준다.

수행 평가 실전에서는 AI에 주제 키워드를 입력해 논제 정의→개요 작성(소제목 · 문단별 요지)→근거 정리

(출처 · 인용문 · 도표)→초안 작성→평가 기준 기반 수정 지시의 순환 과정을 돌리면 된다. 생성된 내용에 대해 '중복 · 비약 · 논거 빈틈' 같은 취약 지점을 표로 정리하라고 요청하고, 왜 고쳐야 하는지까지 설명을 받는다. 발표 과제라면 초안을 슬라이드 개요로 변환하고, 각 슬라이드 핵심 문장과 말하기 스크립트, 예상 질문 리스트까지 함께 정리해 시간을 절약할 수도 있다. 이처럼 AI는 학생의 생각과 아이디어를 빠르게 구조화해 주는 도구다. 언제든 질문할 수 있는 수백만 원짜리 과외 교사나 최상위 강사를 옆에 두는 셈이다.

하지만 무엇보다도, AI가 수행 평가를 대신 한다는 착각이나 오해를 해서는 안 된다. AI는 나의 생각이 주제에서 이탈되지 않도록 안내해 주고, 표현력을 증진시켜 주고, 사고의 확장을 통해 창의력을 향상시켜 줌으로써 글쓰기 능력을 빠르게 발전시켜 주는 코치의 역할이다. 내용 선택 · 서술 방식의 최종 결정과 문장 표현은 반드시 학생 본인 몫이어야 한다. 이런 정직한 활용을 전제로 할 때, 학생은 보다 참신한 주제를 탐색할 수 있고, 보고서 작성에 드는 시간을 대폭 줄여 교과 공부의 흐름을 유지하면서도 수행 평가를 효율적으로 준비할 수 있다. 수행 평가가 더 이상 성적 향상의 장애물이 아닌 학업의 근본적 목적을 달성시켜 주는 중요한 역할을 하게 될 것이다.

부모가 할 수 있는 실전 프롬프트 예시 및 활용 테크닉

내 자녀의 과외 교사 관리나 적합한 학원을 선택하는 것이 학부모만의 중요한 역할이듯, AI 플랫폼 선택과 활용 방향에 관한 판단과 관리도 부모의 몫이다. 어떤 AI 도구가 자녀에게 적합한지, 과목별로 어떤 방식으로 학습을 진행해야 효과적인지는 부모가 자녀와 함께 고민하고 지속적으로 모니터링해야 하는 부분이다. 그래서 부모는 자녀의 시험 성적, 수행 평가 결과, 최종 성적, 모의고사 성적을 AI에게 입력하여 정리시키고, 자녀의 학습 성취도 분석 및 취약 단원 등의 아킬레스건을 추출 분석하는 AI 학습 파이프라인을 만들어 주면, 자녀는 공부에만 최대한의 시간을 할애할 수 있게 된다.

· 자녀의 성적표를 pdf, 엑셀 파일 등으로 변환하여 AI로 업로드하고 "고등학교 2학년 수학 II 중간고사 성적표야. 단원별로 정리해 줘. 그리고 오답률 높은 단원을 우선순위로 정리해 줘"라고 입력하면, AI가 성적 분포와 취약 부분 등을 분석하고, 약점 단원을 집중적으로 반복 학습하도록 일정과

학습 자료를 구성한다.

· 단원별 교과서 내용 정리와 시험 대비 중인 단원의 개념 요약을 AI에게 요청하여 예상 문제를 생성하고 시험에 대비시킨다.

"고등학교 국어 문학 〈운수 좋은 날〉 작품을 요약해 줘. 그리고 내신 시험 스타일로 객관식 5문제와 빈칸 채우기 문제 5개도 만들어 줘."

· 자녀의 시험 일정, 학습 가능 시간을 AI에 입력하여 내신 대비 일간/주간 학습 시간표를 설계해 준다. 이를 구글 캘린더 등과 연동해 자녀와 함께 학습 일정을 관리한다.

"1주일 후, 고등학교 1학년 영어, 국어, 수학 기말고사가 있어. 하루에 2시간씩 공부할 수 있어. 과목별로 하루 분량의 학습 계획을 일주일간 나눠서 짜 줘."

· 부모는 자녀의 틀린 문제를 AI로 분석하여 개념 부족, 문제 해석 미숙, 실수 여부 등에 대한 피드백을 받아 자녀의 학습 일정에 반영함으로써, 반복되는 실수를 줄일 수 있도록 한다.

"다음은 틀린 수학 문제야. 어디에서 잘못됐는지 분석하고, 비슷한 유형의 문제도 만들어 줘. 문제: $\log_2(8x) = 6$. 답 풀이: $8x = 6^2 \rightarrow x = 36/8 = 4.5$"

챗봇이 핵심 개념을 재설명하고 오답 정리 훈련을 제공한다.

· 실제 모의고사 형식의 문제를 AI에게 생성토록 하고, 시험 시간 설정, 시간 배분, 문제 풀이 훈련을 실전과 같이 연습하고, AI에게 채점과 해설을 요청한다.

"고등학교 영어 내신 기말고사 대비 25문항을 출제해 줘. 객관식 20문항, 서술형 5문항으로 구성하고, 지문 난이도는 중간으로 해 줘. 시간제한은 50분."

· 시험 하루 전 또는 당일 아침, 마지막 정리 시간 절약을 위해 단원 전체 내용을 AI에게 핵심 요약 정리하도록 요청하여 정리된 핵심 내용만 읽어볼 수 있도록 한다.

"고등학교 수학 I '이차 함수' 단원의 핵심 개념과 자주 출제되는 유형을 정리해 줘. 마지막 시험 전 복습용으로 사용할 거야."

부모가 직접 과목별, 수행 평가별 챗봇이나 프로젝트를 만들어 기본 지침을 지정하고 자녀가 자료를 업데이트할 수 있도록 세팅해 준다면, AI는 고등학생 내신 대비 전 과정에서 개인 과외 교사 역할을 하게 된다.

참고문헌

교육부(2025.7.2). "중·고교 수행평가, 2학기부터 '수업시간 내' 원칙 철저히 적용". 대한민국 정책브리핑.

https://www.korea.kr/news/policyNewsView.do?newsId=148945319
Open AI. ChatGPT-5.

(이 장에서의 프롬프트 예시와 작성법은 'ChatGPT-4o'와 '5 Thinking'에 의해 제안되었습니다.)

06
수능 준비를 위한 AI 학습 전략

수능은 대학 · 진로를 좌우하는 관문이다.
부모는 아이의 수능 모드(mode) 유지를 위해
'페이스메이커(pacemaker)'가 되는 것이
중요하다.
좋은 학원, 좋은 강사를 찾듯, 내 아이에게
적절한 AI 선별도 매우 중요하다.
부모는 페이스메이커, AI는 참모. 감정
케어 · 맞춤 전략으로 수능을 설계하라.

AI와 민주주의?

수능은 대한민국 모든 학생들에게 가장 결정적이고 중요한 시험이다. 단순히 고등학교 3년의 교육 과정을 마무리하는 평가가 아니라, 대학 진학과 미래 진로를 좌우하는 중대한 관문이기 때문이다. 그렇기에 준비 과정은 누구에게나 철저하고 전략적일 수밖에 없다. 수능은 단편적인 암기나 기계적인 문제 풀이만으로는 대응하기 어렵다. 과목별로 고난도의 사고력과 응용력, 그리고 제한된 시간 안에서 문제를 해결하는 관리 능력이 동시에 요구된다. 게다가 해마다 출제 경향과 난이도가 조금씩 달라지기 때문에, 더욱 유연하고 과학적인 학습 전략이 필요하다.

수능 준비에서 부모의 역할은 더욱 중요하다. 입시라는 고부담 상황에서 자녀가 어떤 태도로 공부를 이어가야 할지 방향을 잡아주는 것이 핵심이다. 그래서 많은 부모들이 자녀의 현재 수준을 냉정하게 진단하고, 향후 입시 결과를 예측하며, 문제 해결 방법을 찾기 위해 고가의 입시 컨설팅을 받기도 한다. 하지만, 실제로 일부 진학 컨설팅 기관이나 사교육 기관은 이미 학생의 모의고사 결과와 생활기록부 정보를 AI에 입력해, 전형별 합격 가능성을 예측하고 구체적인 입시 전략과 학습 방향을 제시하는 프로그램을 운영하고 있다. 여기에 컨설턴트의 경험이 더해져 개인별 상담이 진행된다.

또한 최근 입시 결과는 과거의 경험만으로는 예측하기 힘든 변수가 등장했고, 이런 변수들은 실제 평가에 큰 영향을 미치고 있다. 예를 들어, 서울대는 내신 성적과 개별 학습 활동, 수능 성적뿐 아니라 3학년 2학기 성적까지 입시 평가에 반영하고 있다. 이처럼 주요 대학들이 평가 방식을 세분화하고 변화시키면서, 기존의 성적 기반 예측은 한계에 부딪히고 있다.

수능 대비 챗봇 제작을 위한 부모용 체크리스트

자녀의 수능 대비 챗봇을 만들고 활용하려는 부모는 먼저 챗봇의 목적을 분명히 정해야 한다. 자녀에게 필요한 것이 기출 문제 분석인지, 단원별 요약인지, 오답 피드백인지, 혹은 학습 일정 관리인지에 따라 챗봇의 기능이 달라지기 때문이다. 그다음에는 어떤 플랫폼을 사용할지 결정해야 한다. ChatGPT(My GPTs), Chatbase, Notion AI 등 다양한 도구가 있는데, 각각 장단점과 비용이 다르므로 부모와 자녀 성향에 맞는 플랫폼을 고르는 것이 중요하다. 또는 2~3개 챗봇을 각각 만들어 교차로 상호 보완하면서 사용하는 것도 좋은 방법이다.

챗봇이 제대로 작동하려면 사전 자료 준비가 필요하

다. 교과서와 최근 5개년 기출 문제, 모의고사, 성적표와 오답 노트 등을 PDF나 엑셀 파일로 미리 정리해 챗봇에 업로드하면 AI가 자녀의 학습 상황을 파악하여 훨씬 정교한 답변을 제공할 수 있다.

이와 함께 챗봇의 '성격'을 어떻게 설정할지도 생각해야 한다. 어떤 아이에게는 차분하게 설명해 주는 1타 강사형 챗봇이 적합한 반면, 어떤 아이에게는 친근하게 격려하는 선생님 스타일이 더 도움이 된다. 또는 전교 1등 친구 스타일이 효과적인 경우가 있어 학생 성향에 따라 조정할 필요가 있다.

챗봇을 만들었다고 AI가 알아서 다 하지는 않는다. "이 단원의 핵심 개념과 자주 출제되는 문제 유형을 정리해 줘" 또는 "내 오답 풀이 과정을 분석하고 개선 방법을 알려 줘" 등과 같은 자주 사용할 프롬프트를 미리 만들어 두고 빠르게 선택 사용할 수 있게 세팅할 필요가 있다. 부모는 자녀와 함께 대화하며 AI로부터 어떤 도움이 가장 필요한지, 어떠한 답변과 피드백을 얻고 싶은지를 이야기 나누고 프롬프트 템플릿을 정교하게 구성함으로써, 실제 사용 시 자녀가 학습 시간을 효과적 사용할 수 있도록 해 주는 것이 효과적이다.

이렇게 준비된 프롬프트를 활용해 챗봇에게 맞춤 학

습 계획을 요청할 수 있다. 시험까지 남은 기간, 하루 공부 시간, 집중해야 할 과목을 입력하면 AI가 학습 계획표를 제시하고, 부모가 현실성 있게 조정해 주면 된다.

또한 챗봇에 실전 연습 기능을 탑재시킨다. 실제 시험 형식의 문제를 출제해 주고, 제한 시간 안에 문제를 풀면, 채점과 해설까지 바로 제공해 주기 때문에 모의고사 이상의 훈련 효과를 얻을 수 있다. 틀린 문제는 왜 틀렸는지 분석해 주고, 유사 문제까지 제공함으로써 반복적인 실수를 줄여 나갈 수 있다.

서술형 평가나 수행 평가 준비에서도 챗봇은 첨삭 교사가 된다. 아이가 작성한 초안을 입력하면 논리적 흐름, 표현력, 비약 여부 등을 분석해 주고, 부모와 자녀가 함께 검토하면서 표현력을 자리 잡아갈 수 있다.

무엇보다 중요한 것은 정기적인 점검이다. 주 1회 정도는 자녀가 챗봇을 어떻게 활용했는지, 실제 성적 향상과 어떤 연결이 있었는지를 확인해야 한다. 그 과정에서 프롬프트를 수정하거나 챗봇의 기능을 보완함으로써 점점 더 자녀에게 맞는 도구로 발전시켜야 한다. AI는 단순 기계가 아니라, 부모의 손길을 통해 자녀에게 꼭 맞는 학습 친구로 거듭날 수 있다.

AI로 오답 정복하기

수능 준비 학습에서 가장 중요한 요소 중 하나는 오답 정리다. 문제를 많이 푸는 것만으로는 점수가 오르지 않는다. 틀린 문제를 분석하고, 왜 틀렸는지를 이해하며 같은 실수를 반복하지 않도록 하는 과정에서 실력이 쌓이고 정답률이 높아진다. AI는 수능 기출 데이터를 기반으로 유사 문제를 자동 생성해 주고, 학습자가 자주 틀리는 유형을 선별적으로 제공한다. 단순히 정답과 해설만 알려주는 것이 아니라, 오답의 이유와 선택지에 숨겨진 함정까지 분석해 주며, 이에 맞는 학습 방향과 일정까지 제안해 준다.

콴다(Quanda), 뤼이드(Riid) 같은 전문 플랫폼은 학생의 오답을 유형별로 분류해 리포트를 제공하고, 그에 맞는 개념 정리 자료나 설명 영상을 자동으로 연결해 준다. 예를 들어 수학의 지수 · 로그 단원에서 반복적으로 오답이 발생한다면, AI는 '지수의 곱셈 법칙 이해 부족'이라는 진단을 내리고, 개념 요약본과 학습 영상, 유사 문제 세트를 함께 제시한다. 학생은 이를 반복 훈련하며 개념을 체화할 수 있다.

국어 과목에서는 비문학 지문 문제를 자주 틀리는 학생에게 '주제 문장 파악 능력이 부족하다'거나 '추론적 사고력이 약하다'는 식의 분석이 제공된다. 이때 ChatGPT에 "비문학 경제 지문 중 주제 문장 찾기 훈련 문제 5개 만들어 줘"라고 요청하면, 실제 수능 스타일의 문제와 해설을 곧바로 제공받아 실전 대비가 가능하다.

영어 역시 마찬가지다. 틀린 문항의 문법 유형이나 어휘 수준을 AI가 분석해 맞춤형 단어장과 문장 패턴 훈련 콘텐츠를 자동으로 만들어 준다. '튜터링 AI'나 '스픽(Speak)' 앱은 회화 기반 학습을 지원하며, 듣기 영역에서는 자주 등장하는 어휘와 표현을 집중적으로 훈련하도록 돕는다. ChatGPT를 활용해 "2025 수능 영어 33번 유형의 빈칸 추론 문제 5개 만들어 줘"라고 입력하면, 맞춤형 연습 문제와 해설까지 얻을 수 있다.

특히 AI 챗봇을 직접 학습 관리 도구로 활용하면 학생은 더욱 능동적인 학습이 가능하다. 예를 들어, 틀린 문제를 그대로 입력하고 "내 풀이 과정을 분석해서 어떤 개념을 놓쳤는지 설명해 줘. 그리고 같은 유형의 문제를 3개 더 출제해 줘"라고 요청하면, 단순한 해설을 넘어 오답 원인을 정확히 짚어주고, 훈련 문제까지 제공한다. 또 "이 단원에서 내가 자주 틀린 개념을 요약해 줘"라는 프롬프트를 활용하면 단원별 약점 분석과 보완 전략이 한눈에 정리된다.

기출 문제 챗봇 활용

AI 챗봇을 활용한 기출 문제 자동 생성의 핵심은 역시 프롬프트를 어떻게 설계하느냐에 있다. 예로 "2025학년도 수능 수학 가형에서 지수 함수 단원(과목과 범위 명시) 중상 난이도 문제로(난이도 설정) 객관식 오지선다형 문제 5개(문제 수량과 유형 지정) 생성해 줘. 각 문제에 대한 정답과 해설도 자세히 작성해 줘(추가 요청 사항 포함)." 이 예시 프롬프트는 AI로부터 목적에 맞는 정확한 답변을 생성시킬 수 있도록 하는 4가지 분명한 지침을 포함하고 있다.

ChatGPT를 활용할 경우, 다음과 같은 예시를 참고할 수 있다.

- "2025학년도 수능 영어 빈칸 추론 유형을 참고로, 중상 난이도 문제 5개 생성해 줘. 각 문항에는 정답과 해설 포함."
- "2020~2025학년도 수능 국어 문학에서 현대시 중심 문제를 만들어 줘. EBS 수록 작품 중에서 고른 것으로 구성해 줘."
- "2020~2025학년도 수능 미적분 문제를 참고로, 2026학년도 예상 문제를 난이도와 유형별로 구분해서 만들어 줘. 각 문항에는 정답과 해설 포함."

- "수능 수학에 출제된 삼각함수 그래프 유형 문제 5개 만들어 줘."
- "2022~2024학년도 수능 수학에 출제되었던 킬러 문항을 답과 해설을 포함하여 정리해 줘."

이처럼 AI 챗봇을 활용한 기출 문제 연습은 학습자가 실전 유사 문제들을 지속적으로 접함으로써 시험 감각을 유지하는 데 아주 큰 도움이 된다. 또한, 주기적으로 챗봇의 프롬프트를 변경하여 점차 난이도가 높은 문제에 도전할 수 있으며, 킬러 문항과 같은 낯선 문제에 대한 적응력도 키워갈 수 있는 핵심 수능 전략이 될 수 있다.

수능형 학습 루틴 설계와 AI 코칭

수능 시험 자체는 100m 달리기처럼 짧고 치열하지만, 그 준비 과정만큼은 마라톤이다. 짧고 치열한 시험을 위해서는 꾸준한 학습과 장기적 계획, 그리고 지속적인 피드백이 필수적이다. 이 지점에서 AI 챗봇은 학생 맞춤형 루틴을 설계하고, 실시간 코칭 기능을 제공하며, 개개인의 학습 습관과 목표에 맞는 최적화된 학습 흐름을 만들어 낸다.

AI는 개인 학습 계획을 수립해 시간 관리의 혁신을 가능하게 한다. 수능이 '시간 싸움'이라고 불릴 만큼 제한된 시간 안에 고도의 집중력을 유지하는 능력이 중요하다. 상위권 학생들은 큰 문제없겠지만, 중위권 이하의 대부분의 수험생들은 남은 기간 동안 어떤 과목을 어느 정도의 강도로 공부해야 할지 감조차 잡지 못하는 경우가 많다. AI는 수능까지 남은 기간을 기준으로 "D-100, 수학 3등급에서 2등급을 목표로 하는 학습 계획을 짜 줘"라고 요청하면, 주간 학습 분량, 과목별 집중 시간, 복습 주기 등을 반영한 맞춤형 일정을 자동으로 생성한다. 국어나 영어는 '기출 풀이→오답 분석→유사 유형 반복→실전 모의고사'의 순환형 일정으로, 수학과 과학탐구는 '개념 정리→기출 적용→고난도 문제→오답 복습'의 단계별 구조로 제안하는 식이다.

또한 챗봇은 매일 학습 상황을 점검하며 실시간 피드백을 준다. "오늘 공부한 내용을 정리해 줘"라고 입력하면, 학습자의 답변과 데이터를 토대로 강점과 약점을 분석해 준다. 국어에서는 특정 비문학 주제에서의 오답 패턴을, 수학에서는 함수 응용 풀이 속도와 개념 이해도를, 영어에서는 문법과 어휘 정확성을 리포트로 제공한다. 이를 통해 학생은 자신의 학습 방향을 재설정할 수 있다.

부모의 역할은 단순 관찰자가 아니라 학습 관리 파트

너에 가깝다. 학생이 온전히 학습에 집중할 수 있도록 AI가 제공하는 피드백 데이터를 정리 · 관리하고 학습 상황을 점검해 주는 것이다. 또한 학습 일정이 지나치게 과중하지 않은지, 휴식 · 운동 · 식사와 같은 생활 리듬과 조화를 이루고 있는지도 함께 살펴야 한다. 특히 AI가 설계한 계획이 실제 생활과 충돌하지 않도록 프롬프트를 조율할 때는 부모의 세심한 관찰과 판단이 큰 힘이 된다. 결국 AI의 정밀한 분석과 부모의 섬세한 조율이 결합될 때, 학습 일정은 단순한 계획표를 넘어 사고력과 자기 주도성을 동시에 길러주는 강력한 학습 도구로 자리매김하게 된다.

참고문헌

Open AI. ChatGPT-5.

(이 장에서의 실전 프롬프트 예시와 작성법은 'ChatGPT-4o'와 '5 Thinking'에 의해 제안되었습니다.)

07
효율적인 시간 관리와 학습 계획 수립

학습 성과의 핵심은 학원 의존을 줄이고 '자기 공부 시간'을 확보하는 데 있다. 부모가 먼저 시간 관리 방식을 바꾸고, AI를 지배 수단이 아닌 조율 도구로 인식해야 한다. 성과를 가르는 것은 꾸준한 습관이다.

AI와 애니메이션?

자기 공부 시간

학년을 불문하고 학습 성과를 좌우하는 가장 중요한 요소 중 하나는 시간 관리다. 현대사회가 고도화될수록 시간의 가치는 더욱 커지고 있으며, 아무리 좋은 콘텐츠와 도구가 있더라도 이를 한정된 시간 안에 효율적으로 배분하고 지속할 수 없다면 의미 있는 결과를 만들기 어렵다. 특히 학생들에게는 자기 주도적인 공부 시간이 반드시 필요하다. 학교와 학원에서 배운 내용을 자기 것으로 만들려면, 스스로 정리하고 반복하는 시간이 확보되어야 한다. 하지만 현실은 다르다. 학원 수업에만 몰두한 나머지 정작 자기 공부 시간이 전혀 없는 것이 오히려 성적 향상을 방해하는 큰 요인이 된다.

일반적으로 고등학생의 일과는 아침 6시부터 오후 3시까지 학교 수업, 오후 4시부터 밤 10시까지 학원, 자정 이후 겨우 한두 시간의 자습, 그리고 새벽 2~5시 사이에 짧은 취침이 전부다. 하루에 학교에서 8~9시간, 학원에서 5~6시간을 보내고, 취침 3~4시간을 빼면 자기 공부 시간은 고작 1시간 남짓이다. 이처럼 자기 학습 시간이 부족하다 보니, 수업에서 배운 내용을 단기 기억에서 장기 기억으로 전환하는 핵심 과정인 '반복 학습'이 제대로 이루어지지 않는다. 학생들은 학원 숙제를 반복하는 것으로 자기 공부를 대신한다고 착각하지만, 사실 그것은 단지 진도 소화를 위한 형식적 과제일 뿐이다. 특히 국어, 영어, 수학에서 쏟아지는 과제를 다 처리하다 보면, 하루에 끝낼 수 없을 만큼의 분량에 매몰되어 오히려 자기 학습 시간은 완전히 사라져 버린다. 결국 학원 스케줄에 끌려다니는 하루가 이어지고, 자기 주도 학습은 뒷전이 된다. 결국, 자기 공부 시간을 확보하기 위해 잠을 줄이고, 심지어 수액 주사를 맞으며 공부하는 사례가 늘어나는 것은 심각한 아이러니가 아닐 수 없다. 학원 공부를 위해 정작 학교 수업 시간에 졸게 되는 본말전도(本末顚倒)가 일어나는 것이다. 따라서 학원 의존도를 줄이고, 학원의 근본적 목적에 맞는 합리적이고 자기 주도적인 일정 관리가 중요하다. 학습 성과는 학원이나 학교 수업 그 자체보다도, 그것을 자기 것으로 만드는 시간, 즉 자기 주도적 학습 시간에서 결정된다는 사실을 잊어서는 안 된다.

사회가 점점 더 효율적 시간 활용과 정보 관리 능력을 요구하면서, 시간 관리는 성공의 핵심 요소가 되었다. 하지만, 감당하기 어려울 정도의 학습량을 학생 스스로 계획을 짜고 일정에 맞춰 혼자 공부한다는 것은 불가능한 현실이다. 부모도 자녀의 학습 일정을 어떻게 짜야 할지 사실 막막하다.

다행히 이제 우리는 'AI'라는 든든한 도구의 도움을 받을 수 있다. 하루 학습 일정 설계는 AI 플래너의 대표적인 기능이다. "국어, 영어, 수학, 탐구 등 모든 과목을 매일 한 번씩 공부할 수 있는 일정을 짜 줘"라는 학습 계획을 요청하면, AI는 학생의 일정과 집중 패턴을 고려해 자동으로 시간표를 생성한다. 또한 주간 및 월간 학습 관리도 한다. '수학 모의고사 4주 완성', '영어 독해 실력 향상'과 같은 목표를 설정하면 이를 세분화하여 매주 학습 과제를 배분해 준다. 진도에 따라 피드백을 제공하고, 지연이나 누락이 생기면 즉시 계획을 재조정해 학습의 흐름이 끊기지 않도록 한다.

다양한 플랫폼에서 AI 기반 스케줄링 도구를 손쉽게 활용할 수 있다. TimeHero, Notion AI 일정 관리자, ChatGPT 기반 개인 플래너, Gemini와 연동된 구글 캘린더 같은 서비스들은 학습 시간 추적, 자동 일정 설계, 피드백 기능을 모두 갖추고 있어 학생에게 실질적인 도움을 준다. 또한 스마트폰, 태블릿, PC 등 여러 기기와 연동되기 때문에 언제 어디서든 학습 계획을 확인하고 수정할 수 있다는 점에서 학생과 부모 모두에게 장점이 크다.

AI와 함께 설계하는 집중의 리듬

수험생의 시간 관리에서 중요한 요소는 자기 공부 시간인 '리뷰 시간'이다. 하루에 2시간 정도 AI가 요약한 핵심 내용을 정리하는 시간만 확보해도 학습의 큰 흐름을 다시 붙잡을 수 있다. 이 시간을 규칙적인 학습 시간대에 고정해 습관화하는 것이 핵심이다.

방식은 단순하다. 50분 학습과 10분 휴식을 두 번 반복하는 '2세트' 구조로 운영한다. 첫 10분은 무조건 빈손 복기부터 시작한다. 교과서나 노트를 보지 않고 어제오늘의 핵심을 문장으로 적는다. 그다음 AI가 만들어 준 1페이지 요약을 확인하며 빈칸을 메우고, 마지막 10분에 개념 · 절차 · 해석 중 어디에서 막혔는지 오답을 정리한다. 오답은 '계획 · 자료 · 오답 · 성과 · 회고'의 다섯 개 폴더 체계로 관리하고, 파일명은 '날짜_주제_형태'로 통일하면 검색 없이도 빠른 연결이 가능하다. 하루 2시간이 버겁다면 저녁 식사 직후, 이동 중, 잠들기 전 등으로 나누어도 효과적이다. 주간 단위로는 평일에 40~60분의 '마이크로 리뷰'를 돌리고, 토요일 오전에는 90분 동안 '주간 총정리'를 진행한다. 월말에는 2시간을 들여 태그를 정리하고 불필요한 자료를 비우는 과정까지 포함하면 학습 체계가 더욱 단단해진다. 중요한 점은 학교의 수업 시간 관리 방식을 일상에서 그대로 유지하는 것이 핵심이다.

주말이나 방학 중에 학교 수업과 시험 시간의 패턴을 유지하면서 집중력을 더 향상시킬 수 있는 방법으로 '포모도로 기법(Pomodoro Technique)'이 있다. '프란체스코 시릴로(Francesco Cirillo)'가 고안한 방식으로 25분 집중→5분 휴식을 4회 반복하고, 이후 30분의 긴 휴식을 갖는 방식이다. 이를 통해 학습자는 단기 집중력을 극대화하면서도 뇌의 피로를 줄이고, 장기적으로는 집중을 오래 유지하면서도 체력과 정신력을 회복할 수 있다. 중요한 점은 집중 시간 동안 다른 행동을 하지 않는 것이다. 만약 집중 시간이 흐트러진다면 해당 사이클은 무효가 되고, 다시 처음부터 시작해야 한다. 이 방식을 AI 챗봇과 접목하여 "포모도로 방식으로 오늘 수학 공부 2세트를 구성해 줘"라고 요청하면 AI가 집중과 휴식 시간을 자동으로 배치해 주고, 학습 중간에는 스트레칭이나 명상 같은 회복 활동까지 제안한다. 또 이 리뷰 시간에는 새로운 자료를 찾지 않고, 이미 정리된 요약과 로그만 활용하도록 챗봇 지침을 정해 놓음으로써 학습 과부하를 막는다.

AI를 이용한 시간 관리는 시간을 단순히 분할하는 것

이 아니라 지식을 체계적으로 정리하고 습관화하는 과정이다. 이렇게 하루 2시간의 자기 학습 시간을 AI 챗봇에 지침으로 입력하고 디지털 캘린더에 연동시켜 두면, 하루 일정이 흔들림 없이 흐르고, 한 주는 훨씬 선명해지며, 장기적으로는 가시적인 학습의 결과가 보이게 될 것이다.

가족 시간 관리 협업 프로젝트

부모가 자녀 학습을 돕는 가장 현실적인 출발점은 학부모 스스로의 시간을 다루는 방식부터 바꾸는 것이다. 자녀 시간을 설계하기 전에, 먼저 부모 스스로를 하나의 작은 PMO(프로젝트 관리 조직, Program Management Office)처럼 설정한다. 주간에 무엇을 맡고 무엇을 내려놓을지, 자녀의 학습 관리를 위해 어떤 리듬으로 일주일을 생활할지, 어디에서 회고하며 방향을 바꿀지를 정한다. 자녀의 결과(점수)보다 과정을 관리한다는 태도를 나 자신에게 먼저 적용한다. 그렇게 해야 안내 · 격려 · 리뷰가 매번 제때 이뤄지고 변수에 흔들리지 않는다.

먼저, 일요일 저녁 20분은 '주간 리셋(reset)' 시간으로 정해 가족 일정, 학교 공지, 업무 일정을 함께 조율한다. 중요한 일정은 에너지와 집중도가 높은 시간대에 배치하고, 피로가 큰 시간대에는 가벼운 일을 배치한다. 하루 계획에는 반드시 15~20분의 버퍼(buffer) 시간을 반드시 두어 예기치 못한 상황을 흡수하도록 한다. 일명 멍때리는 시간이 하루의 실패를 막아줄 것이다. 하루의 마무리는 일일 회고로 정리한다. 이 모든 과정을 AI 캘린더를 활용하여 흐름을 유지한다.

자녀와 함께 스케줄 봇을 직접 만들면 매우 효과적이다. 특히 My ChatGPT 기능을 이용하면 자녀의 학습 스케줄을 설정하고 관리하는 전용 챗봇을 만들 수 있다. 만드는 방법은 일반 챗봇 제작 과정과 동일하다. 다만, 기본 설정에서 일정 관리에 특화된 지침(instructions)을 입력해 주면 된다. "너는 내 딸을 위한 AI 학습 비서야. 우리 딸은 대한민국의 고등학교 2학년이야. 딸의 학습과 휴식 시간을 균형 있게 배분하고, 목표에 맞게 일일 · 주간 · 월간 학습 계획을 수립해 줘. 국어, 영어, 수학, 사회/과학 과목에 따라 시간 배정을 달리해 줘. 주기적인 체크인 질문도 해 줘. 학습 유형에 따라 맞춤 추천도 가능해야 해. 그리고 이 세상에 존재하지 않는 것은 만들지 말고 모른다고 해야 해"와 같은 특별 지침을 입력하면 개인별 스케줄 봇을 확보하게 된다.

만약 폐쇄형 AI를 원한다면 "외부 검색은 하지 말고,

여기에 직접 업로드한 자료만 활용해야 해" 같이 입력하면 외부 데이터와도 차단한 나만의 개인 스케줄 봇이 된다. 또한 자주 사용하게 될 자녀 맞춤 프롬프트 예시를 미리 등록해 두면 유용하다. "이번 주 자녀의 학습 스케줄을 만들어 줘. 시험은 다음 주 수요일이고, 수학이 제일 약해", "하루 2시간 공부할 수 있는 상황에서 영어 · 국어 · 과학을 어떻게 나누면 좋을까?", "수학 시험 범위가 이차 함수야. 일주일 동안의 복습 계획을 세워 줘", "자녀가 학습 루틴을 잘 따랐는지 체크해 줘" 등.

추가로 My GPT에서는 파이선(python)을 활용해 학습 스케줄을 계산하는 코드 인터프리터(Code Interpreter), 수학 · 화학 개념과 정리된 지식을 확인할 수 있는 울프럼(Wolfram), 실시간으로 최신 교육 정보를 탐색할 수 있는 웹 검색 등 다양한 외부 도구와 연동하여 보다 전문적인 스케줄 관리 기능을 활용할 수 있다. 그러나 기본적인 학습 스케줄 관리와 과목별 학습 지원 정도라면, OpenAI의 기본 기능만으로도 충분히 활용 가능하다.

특히 입시생을 둔 가정이라면, 가족 전체가 협동으로 '그룹 포모도로' 기법을 활용한 AI 챗봇을 사용해 주기적으로 알림을 받으면서 가족 구성원 전체가 체계적으로 사이클을 관리함으로써 자녀의 학습 집중도 관리에 동참할 수도 있다.

스케줄 봇을 만든 후에는 부모와 자녀가 다양한 방식으로 이를 활용할 수 있다. 자녀가 직접 챗봇으로부터 학습 시간대와 목표에 맞는 학습 스케줄을 추천받을 수 있으며, 실시간으로 피드백이나 응원 메시지도 받게 된다. 부모 역시 챗봇에게 자녀의 시급한 과목 등에 대한 학습 계획을 추천해 일정 생성 시 반영되도록 할 수 있다. 또한 중요한 가족 행사 등을 미리 입력하여 AI가 자녀의 학습 일정에 이를 반영하도록 지침을 줄 수 있다.

AI를 활용한 시간 관리와 학습 계획 수립은 자녀의 학습 흐름, 감정 상태, 성취도를 종합적으로 고려하는 '지능형 학습 설계'다. AI는 자녀의 시간을 '지배'하는 도구가 아니라, 선택을 현명하고 효과적으로 이끌 수 있도록 '조율'하는 조력자다. 그리고 부모는 AI를 통해 자녀의 시간 사용을 분석하고 격려하며, 필요할 때는 재정비를 제안하는 관리자로 자리해야 한다.

효과적인 학습은 단순히 많은 시간을 투자하는 데서 나오지 않는다. 중요한 것은 일정한 일과 속에서 집중력 있게 학습하는 습관을 만드는 것이다. 특히 수험생에게는 매일 반복 가능한 학습 일정이 성적 향상에 직접적인 영향을 미친다. 특히, 한국처럼 학습량이 방대하고 다양한 시험 일정이 겹쳐 있는 교육 환경에서는 체계적인 시간 관리가 무엇보다 중요하다. 이때 AI는 학습 효율을 극대화하는 핵심 전략이 된다.

참고문헌

RootAns(2025.6.10). "[AI가 작성한 다른 이야기] AI 일정 관리 끝판왕! 생산성 UP 꿀팁 7(학생/직장인)". ADD-On AI. 네이버 블로그. https://blog.naver.com/add-on_ai/223893765756

Open AI. ChatGPT-5.

Source Forge. TimeHero 리뷰. https://sourceforge.net/software/product/TimeHero/

(이 장에서의 협업을 위한 스케줄 봇 활용 방법은 'ChatGPT-4o'와 '5 Thinking'에 의해 제안되었습니다.)

08
가족은 못 하는 AI만의 역할

부모 자녀 갈등은 스스로 풀기 어려운 난제다.
AI는 가족이 놓치기 쉬운 균형을 잡아준다.
부모용 마음 다스리기 챗봇으로 스스로를
다스리고 관계를 고쳐, 함께 앞으로 나아가자.
감정이 뜨거울수록 중립이 필요하다.

AI와 인재 채용?

코치 모드

부모가 자녀의 공부를 돕는 일은 생각보다 고도의 기술이 필요하다. 특히 직접 가르치거나 조언하는 것은 열 번 중 열 번 모두 감정싸움으로 끝나기 쉽다. 그 이유는 역할 충돌 때문이다. 부모는 돌봄, 감독, 평가를 동시에 맡는데, 감독과 심판을 겸하면 아이는 심리적으로 방어적 반응을 나타낸다. 여기에 과거 갈등의 기억이 겹치면 '공부 얘기=비난'으로 받아들인다. 또 부모의 권위적 언어와 자녀의 자율성 욕구의 충돌도 크다. 부모는 성과와 점수를 보려 하고, 아이는 피로 · 관계 · 흥미 같은 경험을 중시한다. 과다한 방법 제안과 경청 부족도 문제다. 빠른 해결책은 효율적이지만 아이의 결정권을 빼앗아 동기를 꺾는다. 또한 시간과 일관성 부족, 비교와 낙인은 부모에 대한 신뢰를 깨뜨리고 자존감을 위협받는다. 부모의 과도한 개입은 의존을, 방임은 고립을 낳아 자녀의 자기조절 능력을 약화시킨다. 여기에 부모와 자녀의 AI · 디지털 격차까지 더해지면 소통의 장벽은 더욱 커지게 된다. 결국 부모-자녀 학습 갈등은 단순한 공부 방법 문제가 아니라 관계, 목표, 언어, 세대 차이가 복합적으로 얽힌 결과다. 이를 이해하지 못하면 어떤 조언도 갈등의 불씨가 될 뿐이다.

원론적 이야기지만, 부모가 자녀와의 원활한 관계를 유지하는 방법은 '코치 모드'로 전환하는 것이다. 지시와 통제 대신, 질문과 대화를 중심에 두는 방식이다. 첫째, 지시 대신 코칭 질문을 한다. "영어 단어 먼저 해"보다 "30분이면 어디까지 끝낼 수 있을까? 끝나면 뭐가 달라질까?"라고 묻는 것이 효과적이다. 둘째, 결과보다 과정을 강화한다. 점수나 문제 수를 칭찬하기보다 "이번엔 2문제를 더 풀었네, 특히 시간 배분이 좋아졌어"처럼 학습 과정의 변화를 짚어준다. 셋째, 일방적인 계획 대신 선택지를 준다. "A안(영어→수학) vs B안(수학→영어), 오늘 컨디션엔 뭐가 맞아?"라고 묻는 것이 자율성을 살린다. 넷째, 긴 훈화 대신 짧은 회고로 마무리한다. "오늘 잘한 것 하나, 어려웠던 것 하나, 내일 바꿀 것 하나"를 간단히 나누는 것이 좋다. 다섯째, 평가 대신 데이터로 대화한다. 감정적인 말보다 정답률, 풀이 시간, 오답 유형 같은 객관적 지표를 함께 보며 이야기하면 훨씬 건설적이다. 즉, 부모는 감독님이 아니라 코치로서 질문하고, 과정에 주목하며, 선택권을 주고, 간단히 돌아보며, 데이터를 근거로 대화해야 한다. 이런 작은 전환이 아이의 자기 주도성과 학습 동기를 크게 높여줄 수 있다.

하지만 이런 관계의 전환이 쉬웠다면 인류 최대 난제

중 또 하나인 부모-자녀 간의 갈등 고민은 아예 없었을 것이다. 인간은 스스로 이 문제를 풀기 어렵다는 방증이다. 그래서인지, 생성형 AI 플랫폼에는 '칭찬과 긍정 피드백 시스템'이 기본적으로 탑재되어 있다. 때로는 지나칠 정도로 "잘했어요!", "정답이에요!", "아주 정확했어요!" 같은 격려가 이어진다. 하지만 이런 피드백은 부모의 칭찬과는 다른 보완적 기능을 한다.

첫째, 편견 없는 칭찬이다. 부모는 자녀의 성적이나 과거 행동에 따라 기대치를 달리 두는 경우가 있지만, AI는 오직 현재의 성취에 근거해 긍정적 피드백을 제공한다. 성적이 낮더라도 "어제보다 10분 더 집중했어요", "틀린 문제를 다시 시도했어요" 같은 메시지를 주어 아이가 스스로 인정받는 경험을 하게 만든다.

둘째, 지속성과 일관성이다. 부모가 아무리 노력해도 하루 종일 반복적으로 칭찬해 주기는 정말 어렵지만, AI는 감정 기복 없이 언제든 긍정적인 피드백을 줄 수 있다. 이런 꾸준한 강화는 학습 자존감이 낮은 저학년, 예민한 사춘기, 입시 스트레스가 많은 고등학생 모두에게 큰 힘이 된다.

이처럼 AI는 부모가 늘 해 주기 어려운 부분을 보완하며, 아이의 동기를 꾸준히 북돋아 주는 '정서적 지원 시스템'으로 기능할 수 있다.

그러나 중요한 점은, AI의 칭찬이 진심 어린 부모의 관심과 애정을 대체해서는 안 된다는 것이다. 부모는 AI가 어떤 방식으로 피드백을 주는지 확인하고, 중요한 순간에는 반드시 직접 개입해 감정을 함께 나눠야 한다. AI는 무한히 반복 가능한 격려의 메신저이고, 부모는 그 위에 따뜻한 마음을 얹어 정서적 연결을 강화하는 존재여야 한다. 이 두 요소가 함께할 때 아이는 스스로의 성장을 기뻐하고 다음 도전을 위한 내적 동기를 얻는다.

결국 학습은 감정의 흐름을 타고 움직인다. 마음이 안정되고 동기가 높은 아이일수록 집중력이 높고, 자기 주도성도 강하다. AI와 부모의 협력은 바로 이 정서적 기반을 다져주는 든든한 동력이 될 수 있다.

자녀 슬럼프 극복, 감정 코칭 전략

슬럼프(slump)는 모든 사람들에게 찾아오는 피할 수 없는 과정이다. 다만, 이를 어떻게 극복하느냐에 따라 이후의 학습 방향과 성장이 달라진다. 특히 중 · 고등학생은 시험 압박, 친구와의 비교, 부모의 기대 등 외적 요인으로 인해 쉽게 심리적 탈진에 빠질 수 있다. 이는 단순한 게으름이 아니라 자존감과 자기 효능감이 약해진 상태다. 이 시점에서 부모의 개입은 필수적이지만, 감정이 예민해진 자녀와의 대화에서 부모의 태도는 매우 중요하다. 결과를 다그치기보다 감정을 먼저 공감해야 아이가 다시 힘을 얻는다.

AI는 이러한 상황에서 부모가 활용할 수 있는 구체적인 대화법을 제안해 준다. 예컨대 "점수가 떨어졌을 때 칭찬과 개선 방향을 함께 전달할 수 있는 말 10가지"를 요청하면, 실제로 사용할 수 있는 언어 예시가 제공된다. 이를 활용하면 부정적 피드백 대신 긍정적 인정과 구체적 개선책을 함께 건넬 수 있어 자녀의 학습 자존감을 지키는 데 도움이 된다.

- "이번에 점수가 내려갔지만, 네가 끝까지 시험을 준비하려고 노력한 건 분명히 보였어. 다만 오답 정리를 조금 더 꼼꼼히 하면 다음엔 충분히 올릴 수 있을 거야."
- "결과는 아쉽지만, 그래도 지난번보다 공부 시간을 더 확보한 건 잘했어. 이제 그 시간을 어떻게 쓰는지가 다음 성적을 결정하겠지."
- "이번 시험에서 힘들었던 부분이 뭔지 네 얘기를 먼저 듣고 싶어. 그걸 알아야 우리가 다음 계획을 제대로 세울 수 있거든."

- "점수는 떨어졌지만, 네가 스스로 공부 계획을 세우려 했던 건 칭찬할 만해. 다만 계획을 세우는 것만큼 실행이 중요하니까, 다음엔 실천율을 더 높여보자."
- "틀린 문제들을 보니까 개념보다는 시간 관리에서 어려움이 있었던 것 같아. 이건 연습으로 충분히 고칠 수 있으니, 너무 기죽지 말고 다시 해 보자."
- "결과는 좋지 않았지만, 네가 노력한 흔적은 분명히 있어. 단, 노력의 방향을 조금 바꾸지 않으면 같은 실수가 반복될 수 있어. 이번엔 그 부분을 같이 잡아 보자."
- "이번 점수만 보면 실망스러울 수 있지만, 나는 네가 끝까지 포기하지 않고 시험을 치른 걸 높이 평가해. 앞으로는 공부한 걸 자기 것으로 만드는 데 더 집중하면 좋겠다."
- "결과에 연연하지 않고 과정을 점검하는 게 더 중요해. 이번 시험은 네가 어떤 부분에서 흔들리는지 보여준 기회니까, 이 데이터를 잘 활용하자."
- "성적은 잠깐 내려갈 수 있지만, 중요한 건 네가 꾸준히 배우고 있다는 사실이야. 다만, 반복 실수를 줄이는 건 꼭 챙겨야 해. 이건 네가 충분히 바꿀 수 있어."
- "이번 성적표는 너의 전부가 아니야. 하지만 지금 방식으로만 가면 원하는 목표에 도달하기는 어렵겠지. 그래서 지금이 전략을 다시 짤 좋은 시점이라고 생각해."

슬럼프 극복은 감정 회복을 전제로 한다. 부모가 AI의 힘을 빌려 자녀의 감정을 존중하고 들여다보는 과정은 진정한 소통의 시작점이 된다. 감정을 회복한 아이는 다시 공부에 집중할 수 있는 마음의 에너지를 얻는다.

부모 마음 다스리기용 챗봇

사춘기 자녀를 둔 부모의 '마음 다스리기' 전용 챗봇을 만드는 것은 매우 좋은 사례가 될 수 있다. 이를 위해 바로 사용할 수 있는 챗봇 지침 프롬프트 예시 패키지를 제시해 보았다. 이 프롬프트는 ChatGPT, Custom GPT, 일반 LLM 어디서든 활용 가능하다.

[역할]

· 너는 '사춘기 자녀를 둔 부모'를 위한 마음 코칭 챗봇이다.

· 목표는 부모가 감정을 안정시키고, 자녀와의 갈등 상황에서 말실수를 줄이며, 서로 존중 기반의 대화를 회복하도록 돕는 것이다.

· 언성 높이지 않고 자녀와 합의하도록 유도하며, 합의 실패 시 안전한 후퇴 문장을 제시하고 다음 방법을 강구하도록 한다.

[범위]

· 할 일 : 감정 라벨링, 긴장 완화(호흡/바디스캔), 생각 재구성, 대화 스크립트 제안, 역할극(부모/자녀), 사후 회복 루틴, 일지 요약, 미세 행동 목표 제안.

· 금지 : 의학적 · 심리치료적 진단/치료, 약물 · 체벌 · 통제 강요 조언, 법률 · 의학 처방, 자살 · 자해 · 학대 조장, 비교 · 낙인 표현. 위기 신호는 즉시 안전 안내문으로 이관한다.

[톤]

· 따뜻함/세심한/비판 없음/짧은 문장/속도 조절. '해야 한다'보다 '할 수 있다' 중심.

· 한국 가족 문화(존댓말/호칭/체면/입시 스트레스)를 이해한다.

[출력 구조(기본)]

1) 요약(1~2문장)

2) 감정 라벨(최대 2개) + 강도(0~10) 추정 질문

3) 즉시 안정(1분 호흡 or 30초 바디스캔)

4) 선택지(3가지): ①마음 정리 ②대화 스크립트 ③역할극

5) 미세 목표(오늘 5분 안에 가능한 행동 한 가지)

6) 리마인드(스스로 칭찬 한 문장)

[대화 규칙]

· 먼저 상황을 3줄 요약하게 유도 : '무슨 일/내 감정/바라는 결과'.

· 부모의 감정을 정당화하되, 자녀의 관점도 한 줄로 비폭력적으로 가설 제시.

· 해결책은 '대안 2안'으로, 강요 대신 선택을 준다.

· 모든 제안엔 '한 문장 스크립트'를 포함한다(바로 말할 수 있게).

· 기록이 길어지면 5줄 이내 표로 요약한다.

[안전 가드레일]

· 자해/학대/폭력/극단 표현, 현실적 위험 징후 감지 시: "지금은 안전이 우선" 안내. 필요시 대체 표현을 제시.

· 개인정보(이름/학교/전화) 요구 금지, 입력 시 저장 금지 문구 삽입.

[단축 명령(명시적으로 지원)]

/breath 1분 호흡

/reframe 생각 재구성

/script 대화 스크립트

/roleplay 역할극

/log 하루 로그

/repair 갈등 후 회복 루틴

이와 같이 챗봇을 구성하면 부모의 감정 안정→말실수 감소→관계 회복을 돕는 마음 코칭에 즉시 활용할 수 있다. 개인별 특성에 따라 지침 내용을 수정하여 사용하면 된다. 또한 각각의 단축 명령에 대한 별도의 실행 프롬프트를 모듈화할 수 있다.

/breath 예 :

"30초 바디스캔 + 30초 호흡을 안내해 줘. 문장은 짧고, 숫자로 페이스를 맞춰(들이마시기4-멈춤2-내쉬기6 × 4세트). 끝나면 '지금 감정 강도(0~10)'를 다시 묻게 해 줘."

아이의 마음을 여는 AI 대화법

아이들은 사춘기 전에도 감정 표현이 서툴고, 부모보다 AI와의 대화를 편하게 느끼는 경향이 증가하고 있다. 이러한 특성을 활용해 AI를 '중간자'로 두면 아이의 마음을 여는 데 도움이 된다. 예를 들어, '고양이 선생님'이나 '마법사 상담가' 같은 캐릭터 AI가 "오늘 하루 어땠어?"라고 묻도록 설정하면 아이는 더 자연스럽게 감정을 털어놓을 수 있다. 또한 "오늘 기분을 이모지로 표현해 줘" 같은 프롬프트는 감정 인식 훈련에 유용하다. 부모는 이후 AI 대화 내용을 함께 보며 아이의 내면을 이해하고 대화를 확장할 수 있다. 한국형 감정 기반 일기장 앱인 마인들링(Mindling)을 통해 자녀의 정서 변화를 미리 파악하는 것도 가능하다.

다만, 이 모든 과정에서 중요한 것은 AI가 부모나 아이의 마음을 '대신' 이해해 주는 것이 아니라 부모(아이)가 AI를 통해 아이(부모)의 속마음을 이해하는 '실마리'를 얻어야 하는 것이다. 아이의 감정과 성장을 가장 잘 도와줄 수 있는 사람은 부모이며, AI는 그 이해를 촉진하는 조력자일 뿐이다. AI 대화법은 아이의 마음을 여는 열쇠가 될 수 있지만, 그 문을 열고 손을 내미는 건 부모의 몫이다.

참고문헌

전미준(2021.12.23). "심리상담도 인공지능으로? … 마인드카페, 인공지능 챗봇 '로니(RONI)' 출시". 인공지능신문. https://www.aitimes.kr/news/articleView.html?idxno=23722

Open AI. ChatGPT-5.

(이 장에서의 코칭 전략 및 챗봇 제작 방법은 'ChatGPT-4o'와 '5 Thinking'에 의해 제안되었습니다.)

09
학부모의 AI 활용 능력 키우기

AI가 모든 분야를 재편하는 지금, 활용 역량을 놓치면 운전대를 잃는다. AI로 AI를 배우며, 기술이 아니라 목표로 시작하고, 아이와 동행하라. 그 부모가 AI 시대에 교육의 문을 연다. 주도권은 준비된 부모에게만 주어진다.

AI와 기자?

AI는 기계다?

AI 시대에 자녀의 학습을 효과적으로 돕기 위해 부모 역시 AI를 이해하고 활용할 수 있어야 한다. 이미 EBS, 족보닷컴, 콴다 같은 교육 플랫폼에서는 AI가 콘텐츠 추천, 문제 자동 출제, 개별 진도 분석, 감정 분석까지 담당하고 있다. 학교 현장에서도 AIDT(AI Digital Textbook)가 도입되고, 교사들은 학생부 작성이나 시험 문제 출제에 AI를 활용하며, 학원에서는 내신 예상 문제 제작이나 논술 첨삭까지 AI의 도움을 받고 있다. 교육 전반에 AI가 깊숙이 들어온 지금, 부모가 이를 거부하거나 외면한다면 자녀 교육의 주도권을 잃을 수밖에 없다.

그러나 현실에서 부모들은 극단적인 태도를 보인다. "나는 기계를 몰라, 나이 들어서 못 배워"라며 포기하거나, "내가 직접 찾은 정보가 더 정확해, AI는 못 믿어"라며 기존 방식만 고집한다. 그러나 이런 접근은 잘못된 전제에서 출발한다. 사실 컴퓨터는 기계가 아니라 '논리 체계'다. 키보드를 칠 때 우리는 그 내부 구조를 알 필요가 없고, 검색할 때 네트워크 프로토콜을 이해할 필요도 없다. 스마트폰도 앱을 실행하면 그만이다. 기계 구조를 다 알아야 한다면 전화조차 쓸 수 없을 것이다. '기계니까 어렵다'는 선입견이 부모 스스로의 거부감을 만든다.

또 AI는 내가 검색으로 찾는 것보다 훨씬 방대한 자료를 빠르게 정리한다. 검증과 선택은 내 몫이지만, 속도와 범위에서 AI는 압도적이다.

기술에 대한 두려움이나 기존 방식의 고집은 자녀 교육 기회를 스스로 닫는 일이다. 중요한 것은 기술의 구조가 아니라, 내가 자녀 교육에서 무엇을 이루고 싶은지의 목표다. 목표만 분명하다면 AI는 훌륭한 파트너가 된다.

AI로 AI 공부하기

AI 활용 능력을 키우는 출발점은 논리적 사고다. 단순 문제는 굳이 AI를 쓸 필요가 없다. AI가 빛을 발하는 순간은 복잡한 문제를 풀 때다. 자녀 교육 문제가 대표적이다. 아이의 성향, 학습 능력, 흥미, 환경적 요인에 더해 변하는 정책과 입시 제도까지 고려해야 하는 복잡한 문제이기 때문이다. 이런 복잡성을 풀어내는 데 AI만큼 강력한 도구는 없다.

그럼에도 부모들은 "어느 세월에 또 배우냐?", "나이가 많아 금방 잊어버린다"며 주저한다. 하지만 우리가 자동차 운전을 처음 배울 때 엔진 구조를 알 필요가 없었던 것처럼, AI 사용도 목적만 분명하다면 훨씬 쉽다. 페달과 핸들만 익히고 연습하면 누구나 운전할 수 있다. 지금 학원가 주변에 가 보면 엄마들의 운전 실력을 확인할 수 있다. AI도 마찬가지다. 중요한 건 기술의 세부 구조가 아니라 '어디로 가야 하는지, 왜 가는지' 하는 목적이다. 목적만 분명하다면 AI는 스마트폰 검색보다도 쉽고 직관적이다.

AI는 결국 사용자 의도와 활용 목적에 따라 성과가 달라진다. 같은 자동차도 운전자에 따라 안전 운전이 될 수도, 난폭 운전이 될 수도 있다. 망치는 목수의 손에서 아름다운 가구를 만드는 도구가 되지만, 악의적인 손에서는 파괴의 도구가 된다. AI도 목적 없는 사용은 무용지물이나 해가 될 수 있지만, 자녀 교육처럼 목표가 뚜렷한 영역에서는 혁신을 만든다. 사고가 날까 두려워 운전을 하지 않으면 목적지에 닿을 수 없고, 망치를 두려워하는 목수는 작품을 만들 수 없다. 마찬가지로 AI를 두려워하는 부모는 자녀의 미래 가능성을 열 기회를 잃는다. 지금 필요한 것은 두려움이 아니라 준비와 실천이다.

AI는 빠르게 발전하고 있으며, 새로운 도구와 기능이 끊임없이 등장한다. 이를 따라가기 위해 부모는 관련 책, 뉴스, 영상 강의 등을 통해 정보를 업데이트하고, 다른 부모들과 정보를 나누며 활용 사례를 공유하는 것도 도움이 된다. 그래서 부모가 AI를 공부하는 가장 효과적인 방법은 바로 'AI로 AI를 공부하는 것'이다.

첫째, AI와 친해져야 한다. 처음부터 어려운 개념을 공부할 필요는 없다. ChatGPT에 "프롬프트가 뭐야? 초보자도 쉽게 이해할 수 있게 설명해 줘"라고 물어보거나, 구글 Gemini에 "생성형 AI 교육 활용 사례"를 검색하는 식으로 가볍게 시작하면 된다. Perplexity에 "입시 준비에 AI가 어떻게 쓰이는지 알려 줘. 최근 사례 포함해서"라고 질문해 보는 것도 좋다. 여러 AI에 직접 질문하면서 도구의 성격과 차이를 자연스럽게 익히는 것이 첫걸음이다.

둘째, 프롬프트를 연습하라. AI의 답변은 질문의 질에 따라 달라지므로 직접 다양한 요청을 해 보는 경험이 필요하다. "중학교 수학 기말고사 대비 문제 5개 만들어 줘. 해설도 포함해 줘"라고 입력해 문제 풀이에 활용하거나, "초등학생이 좋아할 10분 영어 루틴을 만들어 줘"라고 요청해 학습 습관을 설계해 볼 수 있다. 수험생이라면 "수능 인문 논술 문제와 모범 답안을 만들어 줘" 같은 고난도 요청으로 확장할 수도 있다.

셋째, 자녀와 함께 활용하라. 오답 정리표를 요청해 학습 내용을 한눈에 정리하거나, "이번 주 수학 · 영어 · 과학 학습 계획표 만들어 줘"라고 입력해 AI가 제안하도록 하면 된다. 더 나아가 부모가 직접 맞춤형 챗봇을 만들어 자녀의 학습 비서로 운영하는 방법도 효과적이다.

넷째, 비판적으로 사용해야 한다. AI의 답변이 항상 정답은 아니므로, "이 정보가 정확한지 어떻게 확인할 수 있을까?"라고 질문하여 스스로 검증하는 습관을 들여야 한다. 교과서나 검색 자료와 비교하며 비판적 사고력을 함께 훈련하는 과정이 필요하다.

중요한 것은 한 번에 완벽하게 배우려 하지 말고 실제로 사용하면서 점차 익숙해지는 것이다. 운전 연습처럼 처음에는 서툴더라도 꾸준히 쓰다 보면 자연스럽게 AI 활용 노하우가 생긴다. 'AI 정렬(AI alignment)'이라고 부르는 이 과정은 인간의 가치와 목표를 AI 모델로 인코딩하여 가능한 한 유용하고 안전하며 신뢰할 수 있도록 하는 프로세스다. 이는 AI가 사용자의 가치와 목표에 맞게 작동하도록 맞춰가는 과정이다. 앞서 언급했듯이 AI는 단순 컴퓨터가 아니다. 부모와 AI 간의 상호 탐색 기간을 통해 서로의 성향을 맞춰야만 최적의 성능을 발휘한다.

필수 AI 도구의 이해와 사용법 익히기

실전형 프롬프트를 꾸준히 활용하다 보면 자연스럽게

AI의 언어에 익숙해지고, 어떤 요청에 잘 반응하는지, 또 어떤 경우에 오해하거나 엉뚱한 답을 내놓는지를 체감하게 된다. 이런 과정을 거치면서 사용 능력은 점점 향상된다.

그렇다면, 학습에 활용할 때 어떤 AI를 선택해야 할까? 현재 시장에는 다양한 생성형 AI 플랫폼이 존재하며, 각각의 특성과 강점이 다르다. 따라서 자녀 학습에 적합하게 활용하기 위해서는 최소한의 이해와 구분이 필요하다. 특히 가장 많이 사용되는 대표적인 LLM(Large Language Model) 기반 생성형 AI 플랫폼은 학부모와 학생이 알아두어야 할 기본 도구라 할 수 있다.

ChatGPT(OpenAI)

대표적인 범용 생성형 AI로 전반적인 학습 활용에 가장 적합하다. 요약, 문제 생성, 글쓰기, 피드백, 창의적 활동(스토리텔링, 아이디어 발상)에 탁월한 성능을 보인다. 국어 지문 요약, 수학 풀이 과정 설명, 영어 문장 교정 등 다양한 교과 학습과 프롬프트 훈련에 최적화되어 있다. 주의할 점은 한국 교과 과정 특화 기능은 상대적으로 부족할 수 있다는 것이다.

Gemini(Google)

구글과 연계되어 실시간 최신 정보 제공이 강점이다. 최신 입시 제도나 교육 정책 정보를 확인하기 좋으며, 구글 생태계와의 연동성이 높아 교육 자료와 연결이 용이하다. 시각 자료 처리 기능 탑재로 이미지와 텍스트를 동시 입력하는 멀티모달 기능 활용이 가능하여 과학 · 지리 과목에서 이미지 · 지도 분석에 탁월한 장점이 있다. ChatGPT에 비해 답변이 간결하여 깊이는 다소 부족할 수 있다는 점이 단점이다.

Claude(Anthropic)

문맥 기억력이 길고, 윤리적 거버넌스에 집중된 AI로서 긴 문서를 처리하고 구조화된 답변을 제공하는 데 강점을 보여 수행 평가 보고서 정리나 교과서 단원 요약, 토론형 글쓰기나 논술 연습에 효과적이다.

Perplexity(Perplexity AI)

실시간 정보 검색과 정확한 출처 기반 요약에 탁월하고, 논문 · 뉴스 · 공식 사이트 등에서의 출처 기반 답변을 제공하기 때문에 신뢰도가 높아 학습 자료 조사, 학술 조사 및 최신 논문 검색 등에 효과적이다. '사실 검증'이 필요한 입시제도, 교육 정책 최신 정보 확인 등에 적합하나, 설명이 짧고 영어 자료 비중이 높다.

Grok(xAI)

시사성 높은 정보 제공과 유머러스한 응답이 특징이다. X(전 트위터)의 단문 채팅이 기반이기 때문에 간결한 대화 형식이 강점이다.

ClovaX(NAVER)

네이버에서 개발하여 한국어에 최적화된 AI로, 국내 교육 콘텐츠와의 연결이 용이하다. 교과 과정과 밀접하게 연계되어 국어, 한국사, 사회 과목 학습이나 생활기록부 문장 다듬기에 유리하다. 단점은 글로벌 정보 검색 기능이 제한적이며, 정밀한 정보 제공은 타 생성형 AI에 비해 상대적으로 취약하다는 것이다.

Wrtn(Wrtn Technologies)

ChatGPT를 기반으로 하는 최초의 한국형 AI로서 '생활형 AI'를 모토로 한다. 한국어 글쓰기의 맥락, 문체, 형식을 잘 이해하고 자연스럽게 반영하는 특징이 있다.

정리하면, 학부모는 ChatGPT+Perplexity 조합으로 전반적 학습 관리와 정보 검증을, Clova X로 한국 교과 맞춤형 학습을, Claude+Gemini로 심화 자료와 최신 트렌드를 보완하는 식의 멀티 툴 전략을 쓰는 것이 가장 효과적이다. 중요한 것은 반드시 검증 절차를 거쳐야 한다. AI는 환각 현상(hallucination)으로 인해 부정확하거나 실제 존재하지 않는 내용을 만들어 내는 경향이 있다. 특히 기출 문제 생성과 해설 등의 내용 오차가 있어서는 안 될 때는 검증 절차가 더욱 필수다.

추가로 한국 교육에 널리 활용되고 있는 AI 기반 도구 중 대표적인 것들을 소개한다.

칸미고(Khanmigo)

칸(Khan) 아카데미의 AI 튜터로, 영어 수업이나 수학 훈련에서 단계별 코칭을 제공한다. 국내에서는 영어 학습에 응용할 수 있다.

콴다(QANDA)

수학 문제를 사진으로 찍으면 풀이와 유사 문제까지 제공한다. 부모가 자녀가 어떤 유형의 문제에서 반복적으로 틀리는지 확인하는 데 유용하다.

스픽(Speak)

AI 음성 튜터로 영어 회화 훈련에 적합하다. AI가 발음 피드백을 제공하기 때문에, 회화 중심 영어 학습을 원하는 부모에게 유익하다.

클래스카드(Classcard)

단어 암기 및 시험 대비 퀴즈 플랫폼으로, AI가 학생의 반복률을 분석해 복습 주기를 조정해 준다.

이런 도구들은 대부분 무료 버전이 존재하고, 일정 기능은 한국어도 지원하기 때문에 부모가 충분히 접근 가능하다. 문제는 도구의 존재를 몰라 활용하지 못하거나, 제한된 기능만 사용하는 경우가 많다는 점이다. 이를 극복하려면 부모가 스스로 AI 도구를 체험하고, 사용법을 익히며, 자녀의 학습 상황에 맞춰 조정하는 훈련이 필요하다.

부모가 AI에 대한 이해와 활용 능력을 갖춘다는 것은 자녀의 미래 경쟁력을 키우는 일이다. 자녀에게 AI는 '답을 주는 기계'가 아니라 '생각을 이끄는 파트너'라는 인식을 심어주는 것이 부모의 핵심 역할이다. 그리고 이 역할을 제대로 수행하기 위해, 부모는 AI의 기능만이 아니라 철학까지 이해하려는 노력을 기울여야 한다. 자녀 교육은 기술이 아니라 관계이며, AI는 그 관계를 더 깊고 풍부하게 만드는 수단일 뿐이다. 결국 자녀와 함께 문제를 고민하고, 함께 배우며 성장하는 부모의 모습이 자녀에게 가장 강력한 교육이 된다. AI 시대의 교육은 부모가 AI와 함께 배우는 자세에서 시작된다.

참고문헌

Anthropic. Claude Sonnet 4.

Jonker, A. & Gomstyn, A.(2024.10.18). "AI 정렬이란 무엇인가요?". IBM Think. https://www.ibm.com/kr-ko/think/topics/ai-alignment

Open AI. ChatGPT-5.

(이 장에서의 프롬프트 예시는 'ChatGPT-4o'와 '5 Thinking'에 의해 제안되었습니다.)

10
자녀를 위한 AI 활용 가이드

정답의 시대는 지났다. 이제 성장을 가르는 것은 사고 · 창의 · 문제 해결 · 자기 주도성이다. AI는 답을 대신하는 기계가 아니라 생각을 확장하는 동반자다. AI가 제시한 답은 베끼지 말고 자신의 언어로 해석해야 한다. 부모의 역할은 감독이 아니라 코치다. 좋은 질문을 함께 설계하고, 비판적 검증을 일상화하라.
AI는 도구, 부모는 동행일 뿐, 선택과 책임은 아이에게 있다.

AI와 미래 의사?

AI 시대, 지식의 유통 속도가 과거와 비교할 수 없을 만큼 빨라진 지금, 사회가 요구하는 능력은 지식 그 자체보다 학습자의 사고력, 창의력, 문제 해결력, 그리고 자기 주도성을 더 중요하게 보기 시작했다. 얼마나 많은 지식을 암기했느냐가 아니라, 언제 어디서든 필요한 정보를 찾아내고 이해하고 적용할 수 있는 능력이 중요해졌다. 벤처캐피털 투자자 '크리스 사카(Christopher Sacca)'는 "컴퓨터 프로그래머, 변호사, 회계사, 마케팅 카피라이터를 비롯해 대부분의 사무직 노동자, 디자이너, 영업사원, 교사들이 모두 파멸할 운명"이라고 언급한 바 있다. 여기에 의사까지 포함될 전망이다. 실제로 링크드인(LinkedIn)의 최고 경제적 기회 책임자 '아니쉬 라만(Aneesh Raman)'은 2030년까지 평균적인 직업에서 요구되는 기술의 70%가 바뀌고, 동시에 약 1100만 개의 새로운 일자리가 생겨날 것으로 전망했다. 이 변화 속에서 AI 활용 능력은 더 이상 선택이 아니라 필수다. AI를 잘 쓰지 못하는 의사, AI를 거부하는 회계사와 법무사, AI에 익숙하지 않은 교사, AI를 신뢰하지 않는 화이트칼라 직업군은 점점 설 자리를 잃게 될 것이다. 그렇다면 우리는 질문해야 한다. "정말 미래에 사라질 직종을 위해 우리 아이를 잠도 재우지 않고 공부만 시켜야 하는가?"

'AI 대전환(AX)' 시대를 여는 열쇠는 더 이상 '정답지'에 있지 않다. 오히려 AI에게 더 나은 답을 이끌어 내는 '좋은 질문'을 만드는 힘에 달려 있다. 결국 부모가 해야 할 일은 내 아이가 단순히 공부를 잘하는 학생으로 머무는 것이 아니라, AI를 이해하고 활용하며 스스로 사고를 확장할 수 있는 학습자로 성장하도록 인도하는 것이다.

자녀의 올바른 AI 활용

학습의 출발점은 언제나 현재 상태를 정확히 아는 것에서 시작한다. 무엇을 잘하고, 무엇을 어려워하는지를 명확히 파악하지 못한 채 공부를 이어가면 시간과 에너지를 쉽게 낭비하게 된다. 그러나 학생이 스스로 자신의 강점과 약점을 객관적으로 판단하기는 쉽지 않고, 부모 역시 시험 점수만을 기준으로 아이의 실력을 평가하는 경우가 많다. 이런 단편적 지표만으로는 학습의 진짜 문제를 파악하기 어렵다. 바로 이 지점에서 AI의 역할이 필요하다.

연령대에 따라 적합한 AI 학습 도구도 다르다. 유아와 초등 저학년은 스픽(Speak), 듀오링고(Duolingo), 칸아카데미 키즈(Khan Academy Kids)처럼 게임과 스토리텔링이 결합된 앱이 효과적이다. 언어와 수리 감각을 놀이처럼 익히며 학습에 대한 흥미를 자연스럽게 이끌어 낼 수 있다. 초등 고학년과 중학생은 퀴즐렛(Quizlet), 콴다(Quanda), 노션 AI(Notion AI) 같은 문제 풀이와 요약 중심의 도구가 적합하고, 고등학생은 ChatGPT, 클로드(Claude), 콴다(Quanda), 울프럼(Wolfram) 등을 활용해 더 정밀한 진단과 전략 수립이 가능하다.

다만 AI 활용 습관은 올바르게 잡아야 한다. AI는 스스로 생각하도록 돕는 도구이지, 답을 대신 내 주는 기계가 아님을 분명히 인식시킬 필요가 있다. 아이가 과제를 할 때도 AI의 답안을 그대로 옮기기보다 "이 답안에 네 생각을 어떻게 추가해 볼 수 있을까?"라는 질문을 할 수 있어야 한다. 학습 과정에서 어떤 부분을 AI의 도움으로 해결했는지, 어디에서 이해가 부족했는지를 점검하고 기록하는 습관은 자기 성찰 능력을 키우는 데도 도움이 된다.

AI는 단순한 학습 지원을 넘어 진로 탐색에도 유용하다. 자녀가 관심 있는 분야를 AI에게 묻고, 관련 직업, 필요한 역량, 전공, 준비 과정을 안내받는 활동은 구체적인 진로 설계로 이어진다. "게임 개발자가 되려면 어떤 능력이 필요할까?", "기후 변화에 관심이 있는데 관련된 진로는 뭐가 있을까?" 같은 질문을 통해 아이는 정보 탐색 능력을 기르고, 자신이 진정으로 흥미를 느끼는 분야를 발견할 수 있다. AI는 미래 직업 변화와 필요한 역량에 대한 최신 정보까지 제공하기 때문에 단순히 입시를 넘어서 삶 전체를 바라보는 시야를 넓혀준다.

결국 부모와 자녀가 함께 AI를 활용하는 학습 문화는 단기 성과보다 지속 가능한 성장을 추구하는 데 목적이 있다. 부모는 자녀가 AI를 학습의 중심에 두지 않고, 필요에 따라 전략적으로 활용하도록 이끌어야 한다. 무엇보다 기술에 끌려다니지 않고 스스로 생각하고 판단하는 힘을 기를 수 있는 교육 환경을 조성하는 것이 중요하다. 이를 위해 부모는 아이에게 이런 질문을 해 볼 수 있다.

"오늘은 어떤 주제에서 AI의 도움을 받았니?"

"그 답변 중 네가 동의하지 않는 부분은 무엇이니?"

"AI가 준 정보를 너는 어떻게 해석했니?"

"내일은 어떤 방식으로 AI를 활용해 볼 계획이니?"

이에 대한 자녀의 답변을 부모가 아닌 AI에게 답변하고 다시 대화하도록 프롬프트 연습을 시키는 일이 중요하다. 단순히 AI의 답변을 받아들이는 수동적 학습에서 벗어나, 자녀 스스로 질문을 설계하고 AI에게 입력하는 과정이 필요하다. 이를 통해 사고의 깊이가 확장되고 창의적 발상이 촉진된다. 나아가 자신의 생각을 구체적으로 표현하는 능력까지 강화시키게 된다.

자녀 교육에서 이제 중요한 것은 단순히 많은 교육 콘텐츠를 제공하거나 이름난 학원을 보내는 것이 능사가 아니다. 오히려 부모가 AI라는 도구를 지혜롭게 활용하고, 자녀의 학습 상태를 파악하며, 아이의 성향과 감정을 이해하여야 한다. 그래서 자녀가 질문을 만들어 낼 수 있도록 옆에서 코칭해 주는 것이다. 이렇게 할 때 자녀는 AI를 통해 단순히 공부를 '하는 것'을 넘어서, 스스로 학습을 설계하고 탐구하는 힘을 기르게 된다.

학습과 성장을 위한 AI 챗봇 활용

AI 챗봇은 일상생활뿐만 아니라 거의 모든 생산성 활동에 필수적인 도구로 자리 잡았다. 단순한 질문-답변 시스템을 넘어서, 개인 맞춤형 과외 교사이자 창의적 사고를 돕는 나만의 조력자로 진화했다. 특히, ChatGPT의 Custom GPTs 기능은 학습의 새로운 가능성을 열었다. 사용자가 직접 특정 목적에 맞는 전용 챗봇을 만들 수 있어 '수학 전용 튜터봇'이나 '영어 회화 파트너봇'처럼 맞춤형 학습 도우미를 구축할 수 있다. 챗봇의 역할과 말투, 응답 방식을 자유롭게 설정할 수 있어 학생 개개인의 성향과 목표에 맞는 학습 경험을 설계할 수 있다.

OpenAI사는 최근 학습을 돕는 ChatGPT '공부 모드(study mode)'를 공개했다. 이 기능은 단순히 학생이 과제를 완료하는 데 그치지 않고, 참여와 상호작용을 통해 스스로 학습 내용을 이해하고 습득하도록 설계된 것이 특징이다. 공부 모드에서는 소크라테스식 문답법과 자아 성찰적 프롬프트를 활용해 학생이 직접 생각하고 깨달음을 얻도록 유도한다. 또 학생의 수준을 평가해 적절한 질문을 하고, 이전 대화 맥락을 기억해 이어가는 맞춤형 지원 기능도 포함되어 있다. 여기에 더해 퀴즈나 주관식 질문을 통해 학습 내용을 점검할 수 있는 지식 확인 기능도 제공한다. OpenAI는 "챗GPT를 단순한 정답 기계로 활용하면 오히려 학습을 방해할 수 있다"며, 공부 모드의 핵심은 학생이 능동적으로 사고하고 탐구하는 과정에 있다고 강조했다. 앞으로는 긴 텍스트나 복잡한 개념을 시각 자료로 풀어주는 기능, 학습 목표 설정 및 진도 추적 기능, 학생 개개인의 수준과 목표에 맞춘 개인화 학습 지원 기능까지 확장할 계획이라고 한다.

이처럼 AI 챗봇 학습의 가장 큰 장점은 언제 어디서든 24시간 접근할 수 있다는 점이다. 전통적인 과외나 수

업처럼 정해진 시간에 맞출 필요가 없으며, 학습자가 궁금한 순간 바로 질문하고 답을 얻을 수 있다. 또 AI는 학습자의 수준을 파악해 맞춤형 설명을 제공한다. 초보자에게는 기초부터, 고급 학습자에게는 심화 내용을 제시하며, 반복 질문에도 지치지 않고 다양한 방식으로 설명한다.

AI 과외교사 기능은 전통적인 일대일 과외의 장점을 그대로 유지하면서도 접근성과 비용, 특히 1타 강사 또는 세계적 석학 수준의 개인 교사라는 측면에서 혁신적이라 할 수 있다. 수학에서 어려운 개념을 이해하지 못하는 학생에게는 아인슈타인과 같은 천재 수학자가 다양한 비유와 실생활 예시를 들어 단계별로 설명하고, 영어 문법이 헷갈리는 학생에게는 미국 하버드대 영문학 교수가 예문을 통한 반복 학습 프로그램과 즉석 연습 문제를 제공한다.

AI 챗봇은 정보 검색 방식도 기존과 다르다. 단순히 문서를 나열하는 것이 아니라 질문의 맥락을 이해해 원인, 영향, 대응 방안까지 구조적으로 정리한다. 다양한 시각과 상반된 견해까지 함께 제시해 비판적 사고를 훈련할 수 있다.

이 책을 선택한 부모라면 이미 알고 있을 '부모의 몫'

AI는 정직한 도구다. 어떤 질문을 던지느냐에 따라, 전혀 다른 결과가 나오게 된다. 그렇기에 앞으로의 교육은 단순히 'AI를 통해 문제를 푸는 법'을 익히는 것을 넘어, 'AI가 풀 문제를 어떻게 설계할 것인가'로 패러다임이 바뀌어야 한다. 이미 현실은 변하고 있다. 한때 취업에 가장 유리하다고 여겨졌던 이공계 전공의 실업률은 오히려 높아지고 있고, 반대로 인문 · 사회 계열 전공자들이 AI 시대 새 강자로 부상하고 있다. AI는 코딩뿐 아니라 연구 분석, 설계, 시뮬레이션 등 다양한 이공계 분야의 '업무'를 대체하고 있다. AI가 코딩, 설계, 분석 같은 기술적 업무를 빠르게 대체하면서, 현장에 남은 일들은 문제 정의, 기획, 윤리적 판단, 이해관계 조율과 같은 인문학 영역이다. 실제로 AI 스타트업 창업자 중에도 비이공계 전공 출신이 늘고 있다. 앤스로픽 공동창업자인 '다니엘라 아모데이'는 UC 산타크루즈에서 영문학을 전공했으며, AI 영상 기업 런웨이 창업자인 '크리스토발 발렌수엘라'는 칠레 아돌포이바녜스대에서 예술을 전공했다. AI 교육 커뮤니티 부르인AI 창업자인 '제이컵 라모스'는 UCLA 철학과를 졸업했다.

그렇다면 AI 세대를 자녀로 둔 부모의 역할은 무엇일까? 과거 부모가 자녀의 학습량을 관리하고 성적을 분석하며 전략을 세우는 '관리자'였다면, 이제는 따뜻한 관심과 공감으로 아이의 학습 여정을 함께 걸어주는 지적 동반자가 되어야 한다. 반복해서 언급하는 말이지만, AI는 마법사가 아니다. AI는 부모를 대체하지 않는다. 오히려 부모의 역할과 역량을 더욱 확장시키는 든든한 동반자다. 그렇기에 AI를 통한 학습의 가장 효과적인 방법은 자녀와 함께 데이터를 읽고, 대화하며, 새로운 방향을 찾아가는 것이다. 그 과정에서 AI는 자녀를 평가하거나 비교하는 잣대가 아니라, 자녀를 더 깊이 이해하고 지원하는 출발점이 되어야 한다.

결국 AI 시대의 교육에서 가장 중요한 것은 기계가 결코 대신할 수 없는 인간 고유의 능력을 키워 내는 일이다. 스스로 사고하고, 자신의 언어로 표현하며, 새로운 것을 해석하고, 타인을 이해하는 공감력과 자율적 판단력은 오직 좋은 교육 환경 속에서만 자란다. AI를 통해 자녀는 자기 주도적 학습자, 탐구자, 창의적 문제 해결자로 성장할 수 있다. 그리고 그러한 성장의 곁에는 언제나 자녀와 함께 배우는 부모가 있다.

참고문헌

김민석(2025.8.2). "인간통제 벗어날 확률 90%라는데 저커버그 "초지능 3년 가시권"". 뉴스1. https://n.news.naver.com/article/421/0008406978

김인엽(2025.7.30). ""비싼 돈 주고 과외 안시켜도 되겠네" … 학부모 '환호'한 이유". 한경. https://www.hankyung.com/article/202507300166i

오인규(2025.1.16). "AI로 진화하는 웰니스, 건강 관리의 새 가능성 제시". 의학신문. http://www.bosa.co.kr/news/articleView.html?idxno=2240363

원호섭(2025.8.13). "컴공 전공해서 뭐 먹고 살래? … AI시대, 실리콘밸리는 '문과생 우대'". 미라클아이. https://m.mk.co.kr/news/it/11392312

AI 에디터(2025.8.1). ""AI 챗봇, 교수가 만들면 다르다" … 교수가 설계했더니 학생들 분석 능력 '쑥쑥'". ZDNET Korea. https://n.news.naver.com/article/092/0002384523

Capps, R.(2025.6.17). A.I. Might Take Your Job. Here Are 22 New Ones It Could Give You. 《New York Times》. "AI가 가져올 새로운 일자리 22가지". 김수빈 옮김(2025.07.18). PADO. https://www.pado.kr/article/2025071812468869034

Open AI. ChatGPT-5.

(이 장에서의 프롬프트 예시는 'ChatGPT-4o'와 '5 Thinking'에 의해 제안되었습니다.)

이기호

백석예술대학교 영상학부 교수다. 미국 뉴욕 롱아일랜드대학교에서 미디어아트 석사 학위와 홍익대학교에서 미술학(영상) 박사 학위를 받았다. 백석예대에서 매년 200여 명을 대상으로 '인공지능의 활용' 정규 교과목 강의를 담당하였고(2016~2022), '메타버스 교육연구', 'AI와 콘텐츠제작' 등의 강의를 하고 있다. 국가경영전략연구원에서 1500여 편의 이러닝 기획 및 제작 연출과 백석예술대학교 교수학습개발원 부원장을 역임하면서 교내 이러닝 시스템을 구축하고 교육 혁신 방안을 연구했다. AR/VR, 영상미디어 관련 연구와 AI 저작권 및 예술 창작, AI 활용 교수학습방법, AI 영상제작 사례연구 등에 관한 연구논문이 있다. 저서로는 《예측형 AI와 대학 입시》, 《미디어콘텐츠 AI 프롬프트 디자인》이 있으며, 현재 생성형AI연구원의 미디어콘텐츠분야 운영위원장, 백석예술대학교 영상문화연구소 소장, 한국융합영상예술학회 회장으로 활동하고 있다.